AF282104

Prevención de riesgos laborales nivel básico para el Sector Químico. CTRR0012

Vicente García Segura

Roberto Pérez Huguet

ic editorial

Prevención de riesgos laborales nivel básico para el Sector Químico. CTRR0012
© Vicente García Segura
© Roberto Pérez Huguet

1ª Edición

© IC Editorial, 2025

Editado por: IC Editorial
c/ Cueva de Viera, 2, Local 3
Centro Negocios CADI
29200 Antequera (Málaga)
Teléfono: 952 70 60 04
Fax: 952 84 55 03
Correo electrónico: iceditorial@iceditorial.com
Internet: www.iceditorial.com

ISBN: 979-13-7027-109-1
Depósito Legal: MA 2089-2025

Impresión: PODiPrint
Impreso en Andalucía – España

Nota de la editorial: IC Editorial pertenece a Innovación y Cualificación S. L.

Especialidad formativa

Se entiende por especialidad formativa la agrupación de contenidos, competencias profesionales y especificaciones técnicas que responde a un conjunto de actividades de trabajo enmarcadas en una fase del proceso de producción y con funciones afines.

Las especialidades formativas de Uso General, Formación Complementaria, Formación Modular y las especialidades formativas dirigidas a la obtención de certificados de profesionalidad se incluyen en el Fichero de Especialidades del Servicio Público de Empleo Estatal para su gestión en todo el territorio nacional por cualquier Administración competente.

Las especialidades complementarias, pertenecen todas a la Familia profesional de Formación Complementaria (FCO) y tienen la consideración de formación transversal en áreas que se consideran prioritarias tanto en el marco de la Estrategia Europea para el Empleo y del Sistema Nacional de Empleo como en las directrices establecidas por la Unión Europea. Se consideran áreas prioritarias las relativas a tecnologías de la información y la comunicación, la prevención de riesgos laborales, la sensibilización en medio ambiente, la promoción de la igualdad, la orientación profesional y aquellas otras que se establezcan por la Administración competente.

Las especialidades de Certificado de profesionalidad tienen una duración especificada en su normativa reguladora.

En el resultado de la búsqueda, se muestran las unidades de competencia, todos los módulos formativos con su duración y las unidades formativas del certificado correspondiente, con su duración. Las horas del certificado, exclusivo de las especialidades de certificado de profesionalidad, con alta igual o superior a 2008, son las horas totales más las horas del módulo de Prácticas Profesionales no Laborales.

⇒ **Si la especialidad tiene unidades formativas,** las horas totales, presencial, distancia, teleformación serán igual a la suma de esas horas de las unidades formativas de los distintos módulos, sin que se repita ninguna Unidad formativa.

⊃ **Si la especialidad no tiene unidades formativas,** las horas totales, presencial, distancia, teleformación serán igual a las sumas de esas horas de los módulos formativos, eliminando las horas de los módulos repetidos.

https://sede.sepe.gob.es/especialidadesformativas/RXBuscadorEFRED/BusquedaEspecialidades.do

(Fuente: Servicio Público de Empleo Estatal)

Índice

Unidad de aprendizaje 4
Elementos básicos de primeros auxilios

Unidad de aprendizaje 5
Riesgos específicos y su prevención en el sector químico

OBJETIVOS GENERALES

Los objetivos del título **Prevención de riesgos laborales nivel básico para el Sector Químico. CTRR0012,** son los siguientes:

- Aplicar los conceptos en materia de prevención de riesgos laborales (PRL) generales y específicos que acerquen al conocimiento de la ley, de los derechos y las obligaciones legales, de los riesgos y de las medidas preventivas.
- Identificar la normativa, las responsabilidades, los derechos y las obligaciones de empresarios, mandos y trabajadores en materia de prevención, comprendiendo los conceptos básicos sobre seguridad y salud en el trabajo.
- Diferenciar los riesgos generales en el entorno laboral y su prevención, las actuaciones preventivas básicas, su seguimiento y el control de las evaluaciones elementales de riesgos.
- Identificar los derechos y las obligaciones de los trabajadores en relación con la seguridad y la salud en el trabajo a fin de tomar conciencia sobre la importancia de involucrarse en la PRL.
- Establecer las pautas de la prevención en las actuaciones de primeros auxilios, emergencia y evacuación.
- Describir los principales riesgos propios del sector químico y, en concreto, aquellos riesgos específicos más importantes.

Identificación de los conceptos de seguridad y salud en el trabajo

Contenido

Objetivos

El objetivo general de esta Unidad de Aprendizaje es:

→ Identificar la normativa, las responsabilidades, los derechos y las obligaciones de empresarios, mandos y trabajadores en materia de prevención, comprendiendo los conceptos básicos sobre seguridad y salud en el trabajo.

Los objetivos específicos de esta Unidad de Aprendizaje son:

→ Definir los conceptos fundamentales de trabajo y salud, comprendiendo la importancia del equilibrio físico, mental y social en el bienestar de los trabajadores.
→ Identificar los principales riesgos profesionales y factores de riesgo presentes en los distintos entornos laborales, analizando cómo pueden derivar en daños para la salud.
→ Diferenciar los tipos de daños derivados del trabajo, reconociendo las características de los accidentes de trabajo, las enfermedades profesionales y otras patologías asociadas.
→ Conocer el marco normativo básico en materia de prevención de riesgos laborales, destacando los derechos y las obligaciones de empresarios y trabajadores según la Ley 31/1995 y la normativa complementaria.
→ Analizar una situación laboral para identificar riesgos y factores de riesgo, y proponer medidas preventivas de acuerdo con la Ley 31/1995 y la normativa relacionada.

1. Introducción

En el mundo de la prevención de riesgos laborales hay una serie de definiciones básicas que son muy importantes tanto para comprender la propia prevención como desde el punto de vista legal; entre las más destacadas están las definiciones de salud, accidente de trabajo y enfermedad profesional.

Por su lado, la normativa de prevención también es muy importante, más bien esencial, ya que marca pautas legales del sector, establece límites para la seguridad, etc. Destaca la Ley 31/1995, de 8 de noviembre, de Prevención de Riesgos Laborales.

Todo ello será analizado a continuación.

2. Trabajo y la salud (riesgos profesionales y factores de riesgo)

El trabajo y la salud son dos conceptos que están íntimamente relacionados.

Por un lado, está la **connotación positiva,** ya que el trabajo sirve a la persona para satisfacer necesidades fundamentales como alimentación, vivienda, etc. También cubre otras necesidades (realización personal, estatus social, etc.) que, aunque no son tan importantes como las anteriores, permiten alcanzar un estado que evitará la pérdida de salud.

Por otro lado, está la **connotación negativa,** debido a que el trabajo puede generar pérdida de salud si da lugar a accidentes, genera enfermedades y ayuda a la aparición de otras patologías (fatiga, estrés, insatisfacción...). Aunque en los últimos años se ha mejorado mucho, el hecho de que el trabajo puede implicar pérdida de salud se sigue produciendo.

Aclarado todo ello, no podemos obviar en este punto las definiciones de los conceptos *trabajo* y *salud.*

Entre las definiciones más destacadas de *trabajo* que aparecen en la RAE se encuentran las siguientes:

Acción y efecto de trabajar.

Ocupación retribuida.

Obra, cosa producida por un ajuste.

Obra, cosa producida por el entendimiento.

Operación de la máquina, pieza, herramienta o utensilio que se emplea para algún fin.

Esfuerzo humano aplicado a la producción de riqueza.

Por su parte, la definición de *salud* que debe exponerse es la que ofrece la Organización Mundial de la Salud (OMS), por las connotaciones que tiene: "Estado de completo bienestar físico, mental y social, y no solamente la ausencia de afecciones o enfermedades".

Con esta definición, la OMS deja claro que la salud no solo es falta de daño o enfermedad (bienestar físico), sino que también es importante estar bien desde el punto de vista mental y social porque, en caso contrario, no nos encontraremos plenos de salud. Relacionado con el mundo laboral, ello quiere decir que un trabajador puede estar mal de salud por un accidente o por tener alguna enfermedad, pero también por sentirse fatigado mentalmente, por estar estresado, etc.

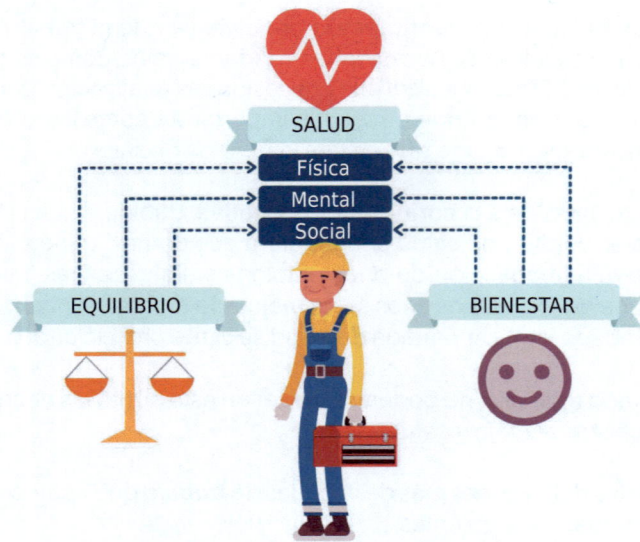

Para que haya salud tiene que haber un equilibrio y un bienestar físico, mental y social.

EJEMPLO

Un trabajador puede darse de baja por falta de salud si sufre un corte con una máquina, pero también por problemas mentales que le ha generado la presión en el trabajo.

ACTIVIDAD COMPLEMENTARIA

1. Cita un trabajo que requiera un gran esfuerzo físico y también una actividad que pueda provocar daños en la salud de los trabajadores por la posible ausencia de un estado de bienestar mental.

Para conseguir que todos los trabajadores estén plenos de salud, las empresas tienen que tomar todas las medidas necesarias para evitar los riesgos. Un **riesgo profesional** o, lo que es lo mismo, un riesgo laboral, aparece definido perfectamente en el artículo 4 de la Ley 31/1995 de Prevención de Riesgos Laborales: "Posibilidad de que un trabajador sufra un determinado daño derivado del trabajo".

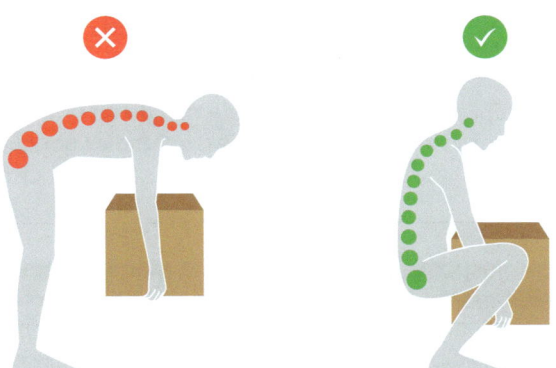

La necesidad de manejar manualmente una carga es un factor de riesgo, ya que los trabajadores pueden sufrir lesiones dorsolumbares.

Aparte de los riesgos, hay que destacar las principales circunstancias que provocan o aumentan los riesgos y, consecuentemente, los posibles daños; estas circunstancias se conocen como **factores de riesgo.**

A continuación, se citan algunos ejemplos:

- Utilización de equipos de transporte.
- Necesidad de trabajar en altura.
- Necesidad de subirse a escaleras de mano.
- Uso y manipulación de productos químicos.
- Las características de los productos (tóxicos, inflamables, comburentes, etc.).
- Utilización de equipos de trabajo.
- Necesidad de manejar herramientas cortantes.
- Necesidad de manejar manualmente la carga.
- Utilización de pantallas de visualización de datos (PVD).
- Atención a clientes.
- Trabajar de noche.
- Las características del local de trabajo.
- Las condiciones ambientales del local de trabajo.
- Mercancías situadas en altura.

 ## ACTIVIDAD COMPLEMENTARIA

2. Cita una tarea en la que las vibraciones se convierten en un factor que puede causar daños en el trabajador.

   Por otro lado, ¿piensas que el estilo de mando en una empresa puede ser un factor determinante que genera riesgos? Indica por qué.

Para evitar los riesgos y, consecuentemente, mantener plenos de salud a los trabajadores entra en juego la prevención. El concepto *prevención* también aparece definido en el artículo 4 de la Ley 31/1995: "Conjunto de actividades o medidas adoptadas o previstas en todas las fases de actividad de la empresa con el fin de evitar o disminuir los riesgos derivados del trabajo".

La prevención de riesgos laborales lo que persigue es llevar a cabo una serie de actuaciones para eliminar o minimizar los riesgos a los que están expuestos los trabajadores en el lugar de trabajo. Busca que los trabajadores no se accidenten, enfermen o sufran las conocidas como otras patologías derivadas del trabajo, sino que las tareas sean seguras y, si puede ser, confortables y que permitan el desarrollo personal y profesional.

La **cultura preventiva** es esencial en todo ello, ya que conseguirá que el trabajador sea consciente de la realidad y, de esta manera, de que no es necesario asumir riesgos en el trabajo. Pero actualmente hay dos problemas:

- ⊃ Hay tareas que no son consideradas por los propios trabajadores como peligrosas.
- ⊃ Hay quienes consideran que hay determinados trabajos en los que necesariamente se deben asumir riesgos.

Ello puede conllevar al último concepto descrito en este punto, *riesgo laboral grave e inminente*. Según el artículo 4 de la Ley 31/1995 de Prevención de riesgos laborales, es "aquel que resulte probable racionalmente que se materialice en un futuro inmediato y pueda suponer un daño grave para la salud".

Riesgo laboral grave e inminente

 **RECUERDA**

La cultura preventiva es esencial para que los trabajadores no asuman riesgos.

- -

APLICACIÓN PRÁCTICA

Julián trabaja como operario en una fábrica de muebles en Valencia. A diario manipula tablones de madera con ayuda de sierras eléctricas y realiza tareas de montaje en altura. El técnico de prevención, al visitar el taller, le explica que todas estas tareas conllevan la posibilidad de que su salud se vea afectada. Julián quiere entender con exactitud qué significa riesgo laboral en el marco legal. Según la Ley 31/1995 de Prevención de Riesgos Laborales, ¿qué se entiende por riesgo laboral?

Solución

El artículo 4 de la Ley 31/1995, de Prevención de Riesgos Laborales, define el riesgo laboral como la posibilidad de que un trabajador sufra un determinado daño derivado del trabajo.

---

3. Daños derivados del trabajo (los accidentes de trabajo y las enfermedades profesionales)

Siguiendo con el artículo 4 de la Ley de Prevención de Riesgos Laborales, los **daños derivados del trabajo** son "las enfermedades, patologías o lesiones sufridas con motivo u ocasión del trabajo".

Estos daños pueden evitarse si el trabajo se realiza en unas condiciones adecuadas.

El trabajo no tiene por qué ser perjudicial para la salud; al contrario, debe ser fuente de desarrollo para el trabajador, además de realización profesional. Pero en muchas ocasiones la realidad es otra, ya que las situaciones de riesgo a las que el trabajador se ve sometido en el desempeño de su tarea ocasionan daños a su salud.

3.1. Accidentes de trabajo

Según el *Real Decreto Legislativo 8/2015, de 30 de octubre, por el que se aprueba el Texto Refundido de la Ley General de la Seguridad Social,* en su artículo 156, *accidente de trabajo* se define como "toda lesión corporal que el trabajador sufra con ocasión o por consecuencia del trabajo que ejecute por cuenta ajena".

Por lo tanto, legalmente no se considerará accidente de trabajo si no hay lesión y si no se produce realizando un trabajo por cuenta ajena o por consecuencia de este.

Accidente de trabajo: el trabajador ha caído de la escalera y se ha dañado la pierna.

Siguiendo con el artículo 156, tendrán consideración de accidente de trabajo los siguientes:

a. *Los que sufra el trabajador al ir o al volver del lugar de trabajo.*

b. *Los que sufra el trabajador con ocasión o como consecuencia del desempeño de cargos electivos de carácter sindical, así como los ocurridos al ir o al volver del lugar en que se ejerciten las funciones propias de dichos cargos.*

c. *Los ocurridos con ocasión o por consecuencia de las tareas que, aun siendo distintas a las de su grupo profesional, ejecute el trabajador en cumplimiento de las órdenes del empresario o espontáneamente en interés del buen funcionamiento de la empresa.*

d. *Los acaecidos en actos de salvamento y en otros de naturaleza análoga, cuando unos y otros tengan conexión con el trabajo.*

e. *Las enfermedades, no incluidas en el artículo siguiente, que contraiga el trabajador con motivo de la realización de su trabajo, siempre que se pruebe que la enfermedad tuvo por causa exclusiva la ejecución del mismo.*

f. *Las enfermedades o defectos, padecidos con anterioridad por el trabajador, que se agraven como consecuencia de la lesión constitutiva del accidente.*

g. *Las consecuencias del accidente que resulten modificadas en su naturaleza, duración, gravedad o terminación, por enfermedades intercurrentes, que constituyan complicaciones derivadas del proceso patológico determinado por el accidente mismo o tengan su origen en afecciones adquiridas en el nuevo medio en que se haya situado el paciente para su curación.*

SABÍAS QUE...

El accidente sufrido al ir o al volver del trabajo se conoce como accidente *in itinere.*

- -

ACTIVIDAD COMPLEMENTARIA

3. Indica si conoces algún caso de accidente de trabajo sufrido por un conocido. En caso afirmativo, señala la causa o las causas que lo provocaron.

   Por otro lado, ¿conoces algún caso de accidente considerado *in itinere*? En caso afirmativo, ¿el accidentado tuvo algún problema con la Administración para que lo consideraran un accidente de trabajo?

- -

3.2. Enfermedades profesionales

El concepto de *enfermedad profesional* también aparece en el Real Decreto Legislativo 8/2015, concretamente en el artículo 157:

Se entenderá por enfermedad profesional la contraída a consecuencia del trabajo ejecutado por cuenta ajena en las actividades que se especifiquen en el cuadro que se apruebe por las disposiciones de aplicación y desarrollo de esta ley, y que esté provocada por la acción de los elementos o sustancias que en dicho cuadro se indiquen para cada enfermedad profesional.

Un alto nivel de ruido en el trabajo puede generar con el tiempo sordera profesional.

Varios puntos importantes se pueden extraer de la definición anterior:

- Solo será enfermedad profesional si esta se ha producido realizando un trabajo por cuenta ajena.
- No tendrá consideración de enfermedad profesional aquella que no aparezca en el cuadro de aplicación y desarrollo de esta ley, la cual debe estar provocada por los elementos y las sustancias indicadas en dicho cuadro.

IMPORTANTE

Es el Real Decreto 1299/2006, de 10 de noviembre, el que aprueba el cuadro de enfermedades en el sistema de la Seguridad Social.

3.3. Otras patologías derivadas del trabajo

Además de las enfermedades y los accidentes, la prevención de riesgos laborales también lleva a cabo el **análisis de otras patologías** que tienen su **origen en el trabajo,** aunque es cierto que la relación de causalidad es menos clara y específica. En ocasiones, estas patologías son tratadas como enfermedades comunes y es difícil que sean consideradas legalmente como enfermedades profesionales.

Las principales patologías derivadas del trabajo son la fatiga, el estrés y la insatisfacción laboral:

⮑ **Fatiga:**

- Inadecuada postura de trabajo.
- Inadecuado manejo de cargas.
- Inadecuada recepción de la información.
- Inadecuado tratamiento de la información.
- Tener que ofrecer respuestas dinámicas (rápidas soluciones).

⮑ **Estrés:**

- Alto ritmo de trabajo.
- Acumulación de tareas.
- Alto nivel de atención.
- Cantidad de información que tratar.
- Calidad de información que tratar.
- Malas relaciones entre trabajadores.
- Posibilidad de sufrir un atraco.

⮑ **Insatisfacción laboral:**

- Monotonía.
- Falta de autonomía.
- Falta de participación.
- Bajo contenido de las tareas.
- Función o rol que desempeñan los trabajadores.
- Ausencia de comunicación.
- Malas relaciones entre trabajadores.

4. Marco normativo básico en materia de prevención de riesgos laborales. Derechos y deberes básicos en materia preventiva

Varias son las normas que afectan a la prevención de riesgos laborales. Las principales se citarán en este punto, aunque solo algunas serán las analizadas.

4.1. Ley 31/1995

La **Ley 31/1995, de 8 de noviembre,** de Prevención de Riesgos Laborales, es la principal norma española relativa a la seguridad y la salud en el ámbito laboral.

Para promover la seguridad y la salud, esta ley establece los principios generales de prevención y protección, intenta eliminar o disminuir los riesgos derivados del trabajo, informa, favorece la participación de los trabajadores en materia preventiva, establece los términos de la formación, etc.

A continuación, serán analizados los artículos que más directamente afectan a los trabajadores.

El artículo 14 indica que los trabajadores tienen derecho a que se les proteja eficazmente, derecho que consecuentemente se convierte en un deber para el empresario.

NOTA

Si los trabajadores pertenecen a una Administración pública, sobre esta recae el deber de proteger a los trabajadores.

El empresario debe garantizar la seguridad y la salud de sus trabajadores mediante la integración de la actividad preventiva en la empresa; además, adoptará todas las medidas de protección oportunas. Muy importante es que la acción preventiva se vaya perfeccionando; para ello, debe ser permanente y continua.

El **artículo 19** señala que los trabajadores deben recibir una formación preventiva tanto teórica como práctica, además de suficiente y adecuada. Esta formación estará enfocada a prevenir los riesgos de cada trabajador, por lo que debe centrarse específicamente en el puesto de trabajo o la función del trabajador.

El trabajador será formado en el momento de su contratación, pero también es necesaria una nueva formación siempre que cambien sus funciones, se introduzcan nuevas tecnologías en la empresa o se produzcan cambios en los equipos de trabajo.

La formación debe impartirse dentro de la jornada de trabajo; si no es posible, se impartirá en otras horas.

Por último, hay que saber que el coste económico de la formación de los trabajadores nunca recaerá sobre estos.

En el **artículo 22** se indica que los trabajadores tienen derecho a una vigilancia periódica de su salud.

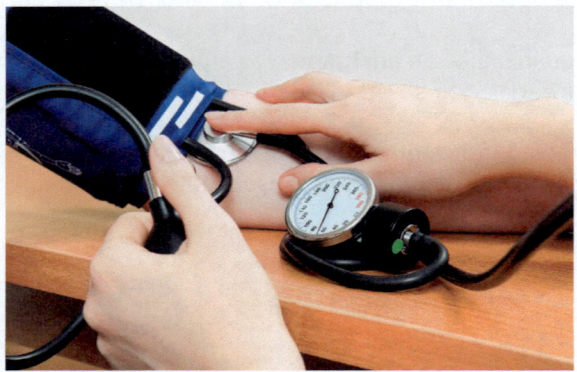

Los reconocimientos médicos de los trabajadores son esenciales para vigilar su salud.

Esta vigilancia no se llevará a cabo si el trabajador no presta su consentimiento. Pero hay una serie de casos en los que no se puede negar el trabajador:

- Cuando la vigilancia de la salud se considere imprescindible para evaluar los efectos de las condiciones de trabajo sobre la salud.
- Cuando la vigilancia de la salud se considere imprescindible para comprobar si el estado de salud de un trabajador puede constituir un peligro para sí mismo, para el resto de los trabajadores o para otras personas relacionadas con la empresa.
- Cuando lo establezca una disposición legal.

También es importante que los trabajadores sepan que los resultados de la vigilancia de la salud solo serán comunicados a ellos mismos, aunque los empresarios y los responsables preventivos de una empresa sí serán informados si un trabajador es apto o no apto para su puesto, incluso si, siendo apto, hay que introducir en la empresa medidas de protección y prevención.

IMPORTANTE

Aunque un trabajador ya no esté en su antigua empresa, tiene derecho a seguir con el servicio de vigilancia de su salud si los riesgos a los que estaba expuesto lo hacen necesario.

- -

A los empresarios no siempre se les pueden hacer responsables de un accidente, enfermedad, etc., por ejemplo, en el caso de que los trabajadores no cumplan sus obligaciones preventivas. Por este motivo, el **artículo 29** indica que estas obligaciones son:

Usar adecuadamente, de acuerdo con su naturaleza y los riesgos previsibles, las máquinas, aparatos, herramientas, sustancias peligrosas, equipos de transporte y, en general, cualesquiera otros medios con los que desarrollen su actividad.

Utilizar correctamente los medios y equipos de protección facilitados por el empresario, de acuerdo con las instrucciones recibidas de este.

No poner fuera de funcionamiento y utilizar correctamente los dispositivos de seguridad existentes o que se instalen en los medios relacionados con su actividad o en los lugares de trabajo en los que esta tenga lugar.

Informar de inmediato a su superior jerárquico directo, y a los trabajadores designados para realizar actividades de protección y de prevención o, en su caso, al servicio de prevención, acerca de cualquier situación que, a su juicio, entrañe, por motivos razonables, un riesgo para la seguridad y la salud de los trabajadores.

Contribuir al cumplimiento de las obligaciones establecidas por la autoridad competente con el fin de proteger la seguridad y la salud de los trabajadores en el trabajo.

Cooperar con el empresario para que este pueda garantizar unas condiciones de trabajo que sean seguras y no entrañen riesgos para la seguridad y la salud de los trabajadores.

Trabajador utilizando correctamente la radial

 IMPORTANTE

Si los trabajadores no cumplen sus obligaciones en materia de prevención de riesgos, se considerará incumplimiento laboral.

 ACTIVIDAD COMPLEMENTARIA

4. Investiga para decir si la Ley de Prevención de Riesgos Laborales es aplicable a todos los sectores. Si no lo es, indica cuál puede ser la causa.

4.2. Real Decreto 485/1997

Se trata del Real Decreto que establece las disposiciones mínimas para la señalización de seguridad y salud en el trabajo.

IMPORTANTE

La señalización nunca será una medida sustitutoria de las medidas técnicas y organizativas de protección colectiva, y deberá utilizarse cuando mediante estas últimas no haya sido posible eliminar los riesgos o reducirlos suficientemente.

Es importante destacar que la señalización debe cumplir una serie de requisitos generales para que sea eficaz:

- Atraer la atención de los trabajadores.
- Ser clara.
- Dar a conocer su mensaje con suficiente antelación.
- Ofrecer la posibilidad real de cumplimiento.

Señalización correcta en el suelo del almacén: atrae la atención de los trabajadores, es clara, se puede cumplir sin problemas e indica con antelación el mensaje que se quiere conseguir.

Señales las hay de varios tipos (gestuales, sonoras, luminosas, etc.), pero las principales en los lugares de trabajo son las conocidas como **señales visuales en forma de panel.**

Señales en forma de panel

Hay que tener muy en cuenta que las señales en forma de panel se instalarán en los **lugares correctos.** Por ello, será muy importante saber la altura y la posición correctas, los posibles obstáculos...

Otros **aspectos importantes** que tener en cuenta son:

➲ La zona donde se instalarán las señales será visible y estará perfectamente iluminada.
➲ No deben utilizarse muchas señales próximas entre sí.
➲ Las señales deben retirarse cuando deje de existir la situación que las justificaba.

NOTA

Si no es suficiente con la iluminación general, en la zona de señales debe emplearse iluminación adicional, incluso utilizar colores fosforescentes o materiales fluorescentes.

Las principales señales en forma de panel son:

Señal de advertencia
- Triangular, con pictograma negro sobre fondo amarillo.

Señal de obligación
- Redonda, con pictograma blanco sobre fondo azul.

Señal de prohibición
- Redonda, con pictograma negro sobre fondo blanco, y borde y banda roja.

Señal de lucha contra incendios
- Cuadrada o rectangular, con pictograma blanco sobre fondo rojo.

Señal de salvamento o socorro
- Cuadrada o rectangular, con pictograma blanco sobre fondo verde.

Ejemplo de señales en forma de panel: señales de obligación

4.3. Real Decreto 486/1997

Se trata del Real Decreto por el que se establecen las disposiciones mínimas de seguridad y salud en los lugares de trabajo.

 **DEFINICIÓN**

Lugares de trabajo
Según el Real Decreto 486/1997, son "las áreas del centro de trabajo, edificadas o no, en las que los trabajadores deban permanecer o a las que puedan acceder en razón de su trabajo.

Del **Real Decreto 486/1997,** podemos extraer muchas cosas, pero a continuación serán citados los puntos más relevantes.

En primer lugar, hay que decir que los **edificios y locales** tendrán la solidez y la resistencia necesarias para soportar las cargas o los esfuerzos a los que pueden ser sometidos. Además, está prohibido sobrecargar los edificios y locales.

Respecto a las **dimensiones mínimas de los locales,** estas permitirán a los trabajadores realizar su trabajo sin riesgos y en condiciones ergonómicas aceptables. Para ello, la altura desde el suelo hasta el techo será como mínimo de 3 m (2,5 m se permiten en locales comerciales, de servicios, oficinas y despachos), habrá 2 m² de superficie libre por trabajador y 10 m³, no ocupados, también por trabajador.

Dimensiones mínimas de los lugares de trabajo

Por otro lado, hay que indicar que los **suelos de los locales** serán fijos, estables, no resbaladizos, sin regularidades y sin pendientes peligrosas. Si los suelos poseen aberturas, hay que instalar sistemas de seguridad.

También hay que tener en cuenta que los **desniveles y las aberturas** se protegerán con barandillas siempre que haya riesgo de caída.

NOTA

Las barandillas de seguridad serán de materiales rígidos, tendrán una altura mínima de 90 cm y dispondrán de una protección que impida el paso de personas o deslizamiento por debajo de ellas, o la caída de objetos.

En el caso de lados abiertos en escaleras y rampas de más de 60 cm de altura, estos deben protegerse. Además, se instalarán pasamanos en los lados cerrados de escaleras y rampas, a una altura mínima de 90 cm, si la anchura de la escalera es mayor de 1,2 m; si la anchura es menor, al menos uno de los dos lados llevará pasamanos.

Otro punto importante son las **vías de circulación,** las cuales deben ser tales que se pueda circular con total seguridad por ellas. Los pasillos poseerán una anchura mínima de 1 m, mientras que las vías para vehículos permitirán el paso simultáneo seguro de vehículos y personas.

Respecto a las **puertas,** hay que tener en cuenta una serie de hechos importantes:

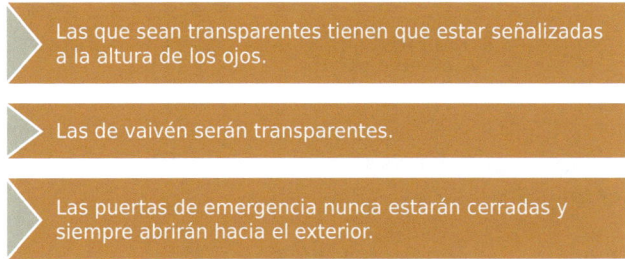

Las que sean transparentes tienen que estar señalizadas a la altura de los ojos.

Las de vaivén serán transparentes.

Las puertas de emergencia nunca estarán cerradas y siempre abrirán hacia el exterior.

Otro elemento tratado en el **R. D. 486/1997** son las **escaleras fijas,** las cuales tendrán una anchura mínima de 40 cm y una distancia máxima entre peldaños de 30 cm.

Muy importantes desde el punto de vista de la **seguridad** son las **vías y salidas de evacuación:**

➲ El número de vías y salidas, su distribución y sus dimensiones dependerán, entre otras cosas, del número máximo de personas que pueda albergar el edificio.
➲ En todo momento las vías y salidas deben permanecer libres de obstáculos.
➲ Las vías y salidas deben desembocar directamente al exterior de los locales o en zonas de seguridad.
➲ Las puertas de emergencia nunca estarán cerradas.
➲ Las puertas de emergencia siempre abrirán hacia el exterior.
➲ Las vías y salidas de evacuación estarán correctamente señalizadas. Si las señales son luminosas, el sistema de iluminación asegurará su funcionamiento en caso de avería.

Salida de emergencia: está libre de obstáculos, abre hacia afuera y la señalización es correcta

Además, el Real Decreto 486/1997 también habla del **orden, la limpieza y el mantenimiento:**

⊃ Para mantener las condiciones higiénicas idóneas, los lugares de trabajo se limpiarán periódicamente y siempre que sea necesario.

⊃ Se eliminarán rápidamente desperdicios, manchas de grasa, derrames de productos peligrosos...

⊃ Las zonas de paso, las vías de circulación y las salidas, especialmente, las vías y salidas de emergencia, siempre se encontrarán libres de obstáculos.

⊃ El sistema de ventilación se mantendrá en buen estado de funcionamiento.

Por último, hay que hablar de las **condiciones ambientales.** En los lugares donde se realicen trabajos sedentarios, la **temperatura** estará comprendida entre 17 y 27 °C, mientras que donde se realicen trabajos ligeros estará comprendida entre 14 y 25 °C. Por su lado, la **humedad relativa** estará comprendida entre el 30 y el 70 %, pero si en el local hay riesgo por electricidad estática el límite inferior será el 50 %.

4.4. Otras normas relacionadas con la prevención de riesgos laborales

Además de la Ley de Prevención de Riesgos Laborales, del Real Decreto 485/1997 y del Real Decreto 486/1997, hay otras importantes normas que deben ser conocidas:

Real Decreto 487/1997, de 14 de abril
- Sobre disposiciones mínimas de seguridad y salud relativas a la manipulación manual de cargas que entrañe riesgos, en particular dorsolumbares, para los trabajadores.

Real Decreto 488/1997, de 14 de abril
- Sobre disposiciones mínimas de seguridad y salud relativas al trabajo con equipos que incluyen pantallas de visualización.

Real Decreto 1215/1997, de 18 de julio
- Por el que se establecen las disposiciones mínimas de seguridad y salud para la utilización por los trabajadores de los equipos de trabajo.

Real Decreto 614/2001, de 8 de junio
- Sobre disposiciones mínimas para la protección de la salud y la seguridad de los trabajadores frente al riesgo eléctrico.

Ley 54/2003, de 12 de diciembre
- De reforma del marco normativo de la prevención de riesgos laborales.

 TAREA 1

Durante una visita del equipo de prevención y el de dirección de la empresa en la que eres el responsable de prevención, has detectado los siguientes incumplimientos:

- Varios trabajadores manipulan cargas pesadas sin técnicas adecuadas de levantamiento.
- Se utilizan martillos neumáticos durante largos períodos, lo que provoca exposición a vibraciones.
- Hay zonas del taller con escasa iluminación y acumulación de materiales en pasillos de evacuación.
- Algunos empleados trabajan con pantallas de visualización de datos (PVD) sin pausas programadas y con sillas poco ergonómicas.
- Se ha registrado un accidente: un trabajador cayó de una escalera portátil mientras intentaba alcanzar material situado en altura.

Continúa en página siguiente >>

<< Viene de página anterior

- Un grupo de empleados manifiesta estrés debido a la presión de los plazos de entrega y a la falta de comunicación con los mandos intermedios.

El director de la empresa, para tratar de atajar los incumplimientos previstos y analizar las causas que los provocan, te solicita que realices un informe en el que se recojan los siguientes aspectos:

- Identificar los riesgos profesionales presentes.
- Detectar los factores de riesgo asociados.
- Diferenciar si los daños sufridos pueden considerarse accidente de trabajo, enfermedad profesional u otras patologías derivadas del trabajo.
- Proponer medidas preventivas ajustadas a la normativa.

---

5. Resumen

En el mundo de la prevención de riesgos laborales son muy importantes una serie de definiciones, la mayoría de las cuales son definiciones legales, ya que aparecen en distintas normas.

La definición de *salud* que marca la OMS es muy importante porque equipara en importancia el bienestar físico al mental y al social. Si alguno de estos tres falta (por un accidente, por una enfermedad, por estrés...), la persona afectada no se encontrará plena de salud.

Si una empresa busca que todos sus trabajadores estén plenos de salud, debe tomar todas las medidas posibles que eviten riesgos. El término *riesgo profesional* aparece definido en la Ley de Prevención de Riesgos Laborales.

Aparte de los propios riesgos, también son muy importantes los factores de riesgo, es decir, aquellas circunstancias que provocan o aumentan los riesgos y, consecuentemente, los posibles daños.

La Ley 31/1995 de Prevención de Riesgos Laborales también define tres conceptos esenciales: *prevención, riesgo laboral grave e inminente* y *daños derivados del trabajo*. Estos daños pueden ser enfermedades, patologías o lesiones.

Tanto los accidentes de trabajo como las enfermedades profesionales son definidos y desarrollados en el Real Decreto Legislativo 8/2015, de 30 de octubre, por el que se aprueba el Texto Refundido de la Ley General de la Seguridad Social. Ambas definiciones son de gran importancia porque, para que un accidente o una enfermedad sean considerados laborales, tiene que cumplirse lo que expone el citado real decreto.

Aparte de las definiciones, la propia legislación preventiva es esencial. La principal norma española es la Ley 31/1995, de 8 de noviembre, de Prevención de Riesgos Laborales, que promueve la seguridad y la salud de los trabajadores, intenta eliminar o minimizar los riesgos derivados del trabajo, etc.

Aunque la Ley 31/1995 es la principal norma, existen otras muy importantes: Real Decreto 485/1997, sobre Señalización de Seguridad y Salud; Real Decreto 486/1997, sobre disposiciones mínimas de seguridad y salud en los lugares de trabajo, etc.

Ejercicios de autoevaluación
Unidad de Aprendizaje 1

1. **La posibilidad de que un trabajador sufra un determinado daño derivado del trabajo es un...**

   a. ... factor de riesgo.
   b. ... riesgo profesional.
   c. ... riesgo de accidente.
   d. ... riesgo de enfermedad.

2. **¿Cuál de las siguientes opciones puede ser considerada un factor de riesgo?**

   a. La utilización de equipos de transporte.
   b. Las características del local de trabajo.
   c. La necesidad de trabajar en altura.
   d. Todas las opciones son correctas.

3. **¿En qué artículo de la Ley 31/1995 de Prevención de Riesgos Laborales aparece definido el concepto *prevención*?**

   a. Artículo 2.
   b. Artículo 3.
   c. Artículo 4.
   d. Artículo 5.

4. **Según la Ley de Prevención de Riesgos Laborales, los daños derivados del trabajo pueden ser:**

   a. Enfermedades o lesiones.
   b. Enfermedades, patologías o lesiones.
   c. Patologías.
   d. Patologías o lesiones.

5. **¿En qué norma española aparece definido el concepto *accidente de trabajo*?**

   a. Real Decreto 485/1997.
   b. Real Decreto 1215/1997.
   c. Real Decreto Legislativo 8/2015.
   d. Real Decreto Legislativo 258/2016.

6. **¿Cuál de las siguientes características tiene que darse para que una enfermedad sea considerada enfermedad profesional?**

   a. Si se ha contraído en ambientes laborales con altas temperaturas.
   b. Si se ha contraído en ambientes laborales con bajas temperaturas.
   c. Si se ha producido realizando un trabajo por cuenta propia.
   d. Si se ha producido realizando un trabajo por cuenta ajena.

7. **¿Qué artículo de la Ley de Prevención de Riesgos Laborales es el referido a la formación de los trabajadores en prevención?**

   a. Artículo 7.
   b. Artículo 19.
   c. Artículo 24.
   d. Artículo 35.

8. **Un trabajador que ya no trabaja en una empresa, ¿puede solicitar los servicios de vigilancia de la salud a esta empresa?**

   a. Depende de la actividad económica de la empresa.
   b. No, nunca.
   c. Sí, siempre.
   d. Sí, en el caso de que sea necesario por los riesgos a los que estaba expuesto.

9. **¿Cuál de las siguientes opciones son obligaciones de los trabajadores en materia de prevención de riesgos laborales?**

   a. Utilizar correctamente los medios y los equipos de protección.
   b. No poner fuera de funcionamiento y utilizar correctamente los dispositivos de seguridad.

c. Cooperar con el empresario para que este pueda garantizar unas condiciones de trabajo que sean seguras.

d. Todas las opciones son correctas.

10. ¿Cuál es el real decreto por el que se establecen las disposiciones mínimas de seguridad y salud en los lugares de trabajo?

a. Real Decreto 486/1997.

b. Real Decreto 488/1997.

c. Real Decreto 614/2001.

d. Real Decreto 54/2003.

Diferenciación de riesgos generales y su prevención. Evaluación de riesgos

Contenido

Objetivos

El objetivo general de esta Unidad de Aprendizaje es:

→ Diferenciar los riesgos generales en el entorno laboral y su prevención, las actuaciones preventivas básicas, su seguimiento y el control de las evaluaciones elementales de riesgos.

Los objetivos específicos de esta Unidad de Aprendizaje son:

→ Identificar los riesgos generales asociados a los lugares de trabajo, analizando cómo las condiciones materiales pueden originar caídas, choques, atrapamientos y otros accidentes.
→ Reconocer los riesgos derivados del uso de máquinas, herramientas, equipos e instalaciones, diferenciando sus causas más habituales y las medidas preventivas que deben aplicarse.
→ Clasificar los riesgos relacionados con el medioambiente laboral, distinguiendo entre agentes físicos, químicos y biológicos, así como sus efectos sobre la salud de los trabajadores.
→ Valorar la influencia de la carga de trabajo, la fatiga y la insatisfacción laboral como factores de riesgo psicosocial, proponiendo medidas preventivas adecuadas para evitarlos o reducir su impacto.
→ Diferenciar los principales riesgos generales en el lugar de trabajo (físicos, químicos, biológicos y psicosociales) y aplicar medidas preventivas de protección colectiva e individual.

1. Introducción

Hoy en día es patente la preocupación existente por la seguridad y la salud de los trabajadores. Por ello, muchos organismos e instituciones oficiales hacen mucho hincapié en la importancia de reducir el número de accidentes y enfermedades laborales.

A pesar de ello, cada año mueren muchísimas personas por motivos laborales, siendo incluso mayor el número de lesionados, enfermos y afectados por las conocidas como otras patologías derivadas del trabajo. Son las principales causas por las que hay que ser consciente y ver la gravedad del problema desde todos los ámbitos (gobiernos, empresarios, trabajadores, familias, etc.).

También hay que destacar las causas económicas, ya que cada año se pierde una buena cantidad de dinero debido a forzosas jubilaciones anticipadas, pago por daños y perjuicios, pérdida de personal cualificado, elevadas primas de seguro, jornadas perdidas, reconstrucción de los posibles daños materiales, etc.

Por todo ello, hay que prevenir los riesgos a través de la puesta en marcha de una buena política reflejada en planes de prevención y todo un conjunto de óptimas medidas.

2. Evaluación de riesgos. Gestión de las condiciones de seguridad

Las **condiciones de seguridad** son aquellas situaciones materiales que pueden dar lugar a accidentes de trabajo. Para controlarlas hay que identificar los factores de riesgo derivados principalmente de:

Lugares de trabajo

Equipos de trabajo

Instalaciones

Identificados los factores de riesgo existentes en cada centro de trabajo, hay que evaluarlos y, de esta forma, podrán adoptarse medidas preventivas y protectoras para hacerles frente.

2.1. Riesgos ligados a los lugares de trabajo

Las características de los lugares de trabajo y los hechos que en ellos se producen pueden tener una influencia importante en las condiciones de trabajo y en la generación de riesgos, los cuales quizás den lugar a distintos accidentes. A continuación, se citan algunos riesgos ligados a los lugares de trabajo:

- ⮑ Exposición a temperaturas extremas.
- ⮑ Quemaduras por contactos térmicos.
- ⮑ Caída de personas a distinto nivel.
- ⮑ Caída de personas al mismo nivel.
- ⮑ Cortes o contusiones.
- ⮑ Caída de objetos por desprendimiento.
- ⮑ Caída de objetos en manipulación.
- ⮑ Caída de objetos por desplome o derrumbamiento.
- ⮑ Pisadas sobre objetos.
- ⮑ Choques contra objetos móviles o inmóviles.
- ⮑ Atrapamiento por objetos o partes móviles.

Las caídas a distinto nivel son uno de los accidentes más frecuentes asociados al uso de escaleras durante el proceso de almacenamiento.

Entre las muchas medidas preventivas para evitar o disminuir este tipo de riesgos podemos destacar:

- Colocar barandillas de seguridad.
- Proteger todos los huecos.
- Los suelos deben ser firmes y lisos.
- Utilizar calzado adecuado al tipo de suelo, normalmente con suela antideslizante.
- Disponer de contenedores, papeleras, etc.
- Delimitar la zona de trabajo.
- Las zonas de paso (pasillos, escaleras y corredores) deben tener las dimensiones adecuadas.
- Señalizar adecuadamente los obstáculos fijos y las esquinas.
- Adecuar el nivel de iluminación en los puestos de trabajo y las zonas comunes.

RECUERDA

El espacio de trabajo debe ser el adecuado a las tareas que realizar. Como norma general, la altura mínima de los techos será de 3 m (2,5 m en oficinas) y la superficie libre por trabajador 2 m^2.

ACTIVIDAD COMPLEMENTARIA

5. Cita los riesgos ligados a las condiciones de trabajo que se pueden dar con más frecuencia en una panadería.

   Además, indica las medidas preventivas que propondrías para evitar uno de los riesgos anteriormente citados.

2.2. Riesgos ligados a la utilización de máquinas, equipos y herramientas

Entre los riesgos más importantes debidos al **uso de herramientas** pueden encontrarse:

- Contactos con elementos cortantes.
- Golpes.
- Proyección de fragmentos volantes.
- Caídas por sobreesfuerzos.

En muchas ocasiones, estos riesgos son provocados por un uso inadecuado, utilización de herramientas defectuosas o de mala calidad, transporte y almacenamiento incorrecto, etc.

Para evitar estos problemas debemos:

- Utilizar herramientas de calidad.
- Usar las herramientas siguiendo las instrucciones y conforme a los trabajos para las que han sido diseñadas.
- Usar gafas de protección si hay riesgo de proyección de partículas.
- Utilizar guantes si trabajamos con material cortante.
- Mantenimiento y revisiones periódicas adecuadas.
- Almacenamiento correcto.

Respecto a las **máquinas y los equipos,** los riesgos más importantes pueden ser:

- Aplastamiento, cizallamiento, corte...
- Contacto eléctrico directo o indirecto.
- Quemaduras.
- Problemas ocasionados por ruido y vibraciones.
- Problemas ocasionados por radiaciones.
- Problemas ergonómicos.

Entre las **medidas preventivas** destacan:

- La instalación de las máquinas debe hacerse en lugares apropiados: suelos firmes, amplitud de espacio, suficiente iluminación y ventilación, temperaturas adecuadas, etc.
- El emplazamiento se hará de modo que los trabajadores puedan acceder a todos los servicios de mantenimiento, reparación y limpieza.
- La instalación debe hacerse de acuerdo con las instrucciones del fabricante y por personal autorizado.
- Realizar el mantenimiento adecuado.
- Utilizar correctamente las máquinas y los equipos, por personal cualificado, siguiendo las instrucciones de uso y para el fin para el que han sido fabricadas.
- Adquirir máquinas seguras (marcado CE).
- Usar materiales seguros.

⊃ Usar fuentes de alimentación seguras.

⊃ Utilizar máquinas y equipos que posean las adecuadas medidas de seguridad (detección de fallos, resguardos, dispositivos de protección, etc.).

APLICACIÓN PRÁCTICA

Marcos trabaja en una empresa de carpintería industrial. Durante una inspección se observa que en su zona de trabajo hay virutas de madera acumuladas en el suelo, la iluminación es deficiente y, además, algunos pasillos están parcialmente obstruidos con tablones. Marcos se pregunta qué riesgos pueden derivarse de estas condiciones del lugar de trabajo. ¿Qué tipo de riesgos laborales están presentes principalmente en la empresa de Marcos?

Solución

Los riesgos ligados a los lugares de trabajo incluyen caídas al mismo o a distinto nivel, choques contra objetos, atrapamientos y golpes, entre otros.

La acumulación de virutas y la obstrucción de los pasillos aumentan la probabilidad de caídas y tropiezos.

La deficiente iluminación también incrementa la posibilidad de accidentes.

2.3. Riesgos ligados a las instalaciones

En este punto nos centraremos solo en los riesgos ligados a las **instalaciones eléctricas** de la empresa.

IMPORTANTE

Las malas condiciones o los fallos en las instalaciones eléctricas pueden dar lugar a incendios, explosiones, electrización, electrocución...

Entre las medidas básicas de prevención destacan:

- No realizar trabajos eléctricos sin estar capacitado para ello.
- Utilizar equipos de protección individual certificados.
- En los lugares mojados o con presencia de metales hay que utilizar solo aparatos eléctricos con pequeñas tensiones de seguridad.
- Trabajar sin tensión. Para ello hay que seguir las cinco reglas de oro.

NOTA

Las cinco reglas de oro son:

1. Cortar todas las fuentes en tensión.
2. Bloquear los aparatos de corte.
3. Verificar la ausencia de tensión.
4. Poner a tierra y en cortocircuito todas las posibles fuentes de tensión.
5. Delimitar y señalizar la zona de trabajo.

Como **medidas particulares,** hay que destacar las que hay que tomar para evitar contactos eléctricos **directos** y las que hay que tomar para evitar contactos eléctricos **indirectos.**

DEFINICIÓN

Contacto eléctrico directo
Es el que sufre una parte del cuerpo con un elemento activo de una instalación eléctrica.

Contacto eléctrico indirecto
El que se produce cuando un individuo entra en contacto con algún elemento que no forma parte del circuito eléctrico, pero que ha adquirido tensión accidentalmente.

Si existe la posibilidad de sufrir un contacto eléctrico, es necesario:

⊃ **Contacto directo.** Ante la posibilidad de sufrir un contacto eléctrico directo, se debe:

◔ Alejar las partes activas para que no estén al alcance de las personas por contacto fortuito.
◔ Interponer obstáculos que impidan todo contacto accidental con las partes activas de la instalación.
◔ Recubrir las partes activas con material aislante.
◔ Utilizar tensiones inferiores a 25 V.

⊃ **Contacto indirecto.** Ante la posibilidad de sufrir un contacto eléctrico indirecto se debe:

◔ Llevar a cabo la puesta a tierra de las masas para desviar gran parte de la corriente eléctrica. Instalar un interruptor diferencial para que corte la corriente en el mismo momento que se produce una corriente de derivación.

ACTIVIDAD COMPLEMENTARIA

6. Busca información para indicar cuáles son los colores indicativos de los cables de puesta a tierra.

Además, cita un ejemplo de contacto eléctrico indirecto.

3. Interpretación de riesgos del medioambiente de trabajo

Se entiende por medioambiente de trabajo el entorno que afecta y condiciona las circunstancias de vida de los trabajadores en su conjunto. Normalmente se dan en un momento determinado, influyendo en la salud de los trabajadores.

Las condiciones ambientales que pueden resultar nocivas para la salud de los trabajadores están directamente relacionadas con la presencia en el trabajo de:

Tanto unos como otros pueden entrar en contacto con los trabajadores y afectar negativamente a su salud.

3.1. La exposición laboral a agentes físicos

Los agentes físicos también pueden provocar daños en los trabajadores. Los principales de ellos son:

- Energía mecánica en forma de ruido y vibraciones.
- Energía electromagnética en forma de radiación (luz visible, infrarroja, ultravioleta, rayos X, etc.).
- Energía calorífica en forma de calor o frío (condiciones térmicas).

Ruido

El volumen del sonido **se mide en decibelios (dB).** Si el ruido es fuerte, o durante una jornada ininterrumpida de 8 h se mantiene un nivel de ruido mayor de 80 dB (A), este puede provocar daños en el oído; en casos extremos, pueden darse sorderas profesionales (hipoacusias).

Además de deteriorar el aparato auditivo, el ruido puede generar en los trabajadores:

- Aumento del ritmo cardíaco.
- Constricción de los vasos sanguíneos.
- Aceleración del ritmo respiratorio.
- Disminución de la actividad de los órganos digestivos.
- Reducción de la actividad cerebral con la consiguiente disminución de la atención.
- Trastornos psicológicos: agresividad, ansiedad, disminución de la atención y de la memoria, etc.

Por todo ello, hay que tomar una serie de **medidas preventivas:**

➲ Eliminar la fuente de ruido, por ejemplo, sustituyendo maquinaria ruidosa por otra más silenciosa.
➲ Aislar la fuente de ruido, por ejemplo, aislando la máquina generadora de ruido y colocando materiales absorbentes en paredes, techos y suelos.
➲ Insonorizar techos y paredes.
➲ Utilización de equipos protección individual (EPI) adecuados, como orejeras y tapones.
➲ Reducción del tiempo de exposición.

ACTIVIDAD COMPLEMENTARIA

7. Busca información para indicar cuántos decibelios puede generar el tráfico y cuántos el motor de un avión.

Vibraciones

A cualquier trabajador puede afectarle toda vibración transferida a su cuerpo. Esta transmisión y sus efectos dependen mucho de la postura; además, no todos los individuos presentan la misma sensibilidad.

Como **medidas preventivas** ante las vibraciones se encuentran:

> **Evitar**
> - Las herramientas y las máquinas vibratorias.

> **Adquirir**
> - Herramientas y máquinas cuyo diseño ergonómico (peso, forma y dimensiones) se adapten específicamente al trabajo.

> **Realizar**
> - Un adecuado mantenimiento preventivo de las herramientas, vigilando especialmente el estado del giro de ejes, del ataque de engranajes, etc.

Continúa en página siguiente >>

<< Viene de página anterior

> **Desintonizar**
> - Las vibraciones modificando la frecuencia, evitando la resonancia, por modificación de la masa, etc.

> **Atenuar**
> - La transmisión al trabajador mediante la interposición de materiales aislantes (resortes metálicos, soportes de caucho, corcho, etc.).

Iluminación

A pesar de ser un factor de calidad de vida, a la iluminación en muchas ocasiones no se le da la debida importancia.

Ejemplo de buena iluminación natural en el lugar de trabajo

SABÍAS QUE...

Los ojos suelen adaptarse, al menos a corto plazo, a condiciones deficientes de iluminación. Pero si la deficiencia de iluminación es prolongada, podemos empezar a sufrir molestias, a veces directamente en los ojos (irritación, cansancio ocular, etc.) y otras veces molestias no oculares, como dolor de cabeza o fatiga.

Hay que tener muy en cuenta que el mayor problema de la deficiencia de iluminación en los lugares de trabajo no es la dificultad para realizarlos, sino su contribución al aumento de los accidentes. Por todo ello, es imprescindible que los trabajos se realicen bajo unas óptimas condiciones de iluminación:

> Disponer de luz natural.

> Disponer de persianas u otros dispositivos para evitar deslumbramientos.

> Disponer de un sistema de iluminación artificial complementaria, general, proveniente de las lámparas del techo y de las paredes, y localizada, para disponer de un mayor nivel de luz en aquellos puestos de trabajo que lo requieren.

 ACTIVIDAD COMPLEMENTARIA

8. Indica si alguna vez has trabajado con iluminación deficiente y, si lo has hecho, ¿qué iluminación era la adecuada en ese momento?

   Por otro lado, ¿cuál crees que es el mejor tipo de iluminación? Razona tu respuesta.

Radiaciones

Se trata de la emisión y la propagación de energía en forma de ondas electromagnéticas o partículas a través del medio.

Entre las **medidas preventivas** que tomar ante las radiaciones se encuentran:

- Aislar la fuente emisora.
- Disminuir la intensidad.
- Acortar los tiempos de exposición.
- Utilizar guantes y ropas protectoras.

- Informar previamente a todo trabajador sobre los riesgos y las precauciones.
- Los trabajadores potencialmente expuestos a radiaciones ionizantes estarán sujetos a una vigilancia especial de la salud.
- Los locales de trabajo en los que exista riesgo de exposición a radiaciones ionizantes estarán debidamente controlados y señalizados.

DEFINICIÓN

Radiaciones ionizantes

Poseen energía suficiente para originar partículas con carga eléctrica (iones) al interaccionar con la materia. Pueden ser electromagnéticas (rayos X y gamma, etc.) o corpusculares (partículas alfa y beta...).

Condiciones térmicas

Unas malas condiciones térmicas pueden dar lugar a efectos fisiológicos directos sobre los trabajadores (resfriados, deshidratación, golpe de calor, etc.), incluso afectar a su conducta (disminución del rendimiento, aumento de la insatisfacción...). Por ello, hay que tener en cuenta una serie de medidas preventivas:

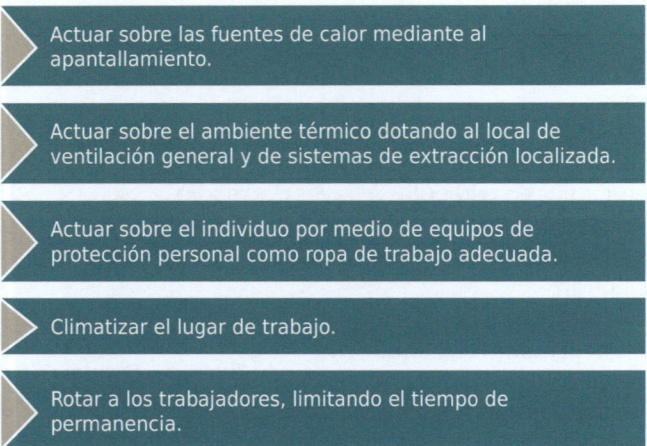

Actuar sobre las fuentes de calor mediante al apantallamiento.

Actuar sobre el ambiente térmico dotando al local de ventilación general y de sistemas de extracción localizada.

Actuar sobre el individuo por medio de equipos de protección personal como ropa de trabajo adecuada.

Climatizar el lugar de trabajo.

Rotar a los trabajadores, limitando el tiempo de permanencia.

RECUERDA

Según el Real Decreto 486/1997:

La temperatura de los locales donde se realicen trabajos sedentarios propios de oficinas o similares estará comprendida entre 17 y 27 °C.

La temperatura de los locales donde se realicen trabajos ligeros estará comprendida entre 14 y 25 °C.

ACTIVIDAD COMPLEMENTARIA

9. Cita situaciones en las que las condiciones térmicas afectan al trabajo.

   ¿Cuál piensas que es peor situación para trabajar: el calor o el frío? Razona tu respuesta.

3.2. La exposición laboral a agentes químicos

El efecto nocivo de los contaminantes químicos es consecuencia de la acción tóxica que tienen.

El efecto adverso o indeseable causado por una sustancia química sobre un sistema biológico depende de la toxicidad intrínseca de la sustancia, es decir, de la potencia del veneno, pero también depende de las posibilidades reales que tenga de entrar en el cuerpo humano.

Para cuantificar el efecto adverso que una sustancia química puede producir en nuestro organismo, se tendrán en cuenta la concentración del tóxico y el tiempo de exposición.

SABÍAS QUE...

Los contaminantes químicos suelen penetrar en el organismo a través de una de las siguientes vías:

- Vía respiratoria.
- Vía dérmica.
- Vía digestiva.
- Vía parenteral.

ACTIVIDAD COMPLEMENTARIA

10. Investigar qué es la vía parenteral. ¿Cuál puede ser la principal vía de entrada de contaminantes al cuerpo? Razona tu respuesta.

Aunque un producto sea peligroso, en todos los casos no producirá daño o enfermedad. A pesar de ello, siempre hay que estar totalmente informado sobre la peligrosidad de los productos. De esta manera, es fundamental exigir al fabricante, el importador o el suministrador la ficha de seguridad de los artículos, para conocer su composición y demás datos que permitan hacer un planteamiento preventivo:

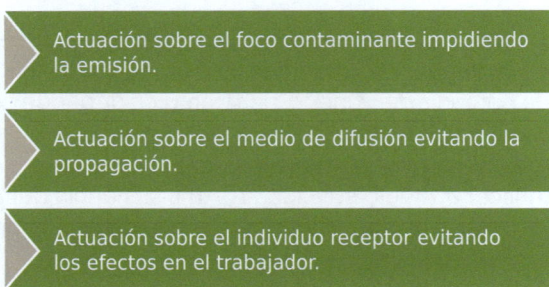

Actuación sobre el foco contaminante impidiendo la emisión.

Actuación sobre el medio de difusión evitando la propagación.

Actuación sobre el individuo receptor evitando los efectos en el trabajador.

3.3. La exposición laboral a agentes biológicos

Los agentes biológicos son microorganismos, cultivos celulares y endoparásitos humanos susceptibles de originar cualquier tipo de infección, alergia o toxicidad. En términos generales, el mayor riesgo de contraer una enfermedad profesional por exposición a contaminantes biológicos se da en aquellos trabajadores dedicados a:

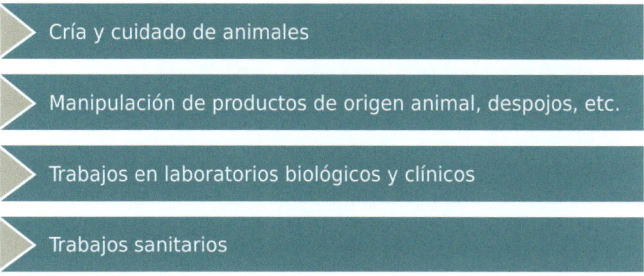

> Cría y cuidado de animales

> Manipulación de productos de origen animal, despojos, etc.

> Trabajos en laboratorios biológicos y clínicos

> Trabajos sanitarios

En todos estos casos es fundamental el uso de ropa que ofrezca una protección adecuada, así como guantes y calzado convenientes. Todo ello sin olvidar que tienen que darse unas óptimas condiciones higiénicas en los lugares de trabajo, vestuarios y aseos. Pero, además de actuar sobre el medio y sobre el trabajador, no hay que olvidar la importancia de actuar sobre el mismo foco.

 SABÍAS QUE...

Entre los agentes biológicos destacan bacterias, protozoos, virus, hongos y gusanos parásitos.

 TAREA 2

En la empresa Alimentos Frescos S. A., dedicada a la producción y el envasado de alimentos, se han detectado diferentes situaciones que pueden comprometer la seguridad y la salud de los trabajadores en sus puestos de trabajo. Como responsable de prevención, se te encomienda la tarea de analizar y clasificar los distintos riesgos que se presentan en cada una de las áreas de la organización.

Continúa en página siguiente >>

<< Viene de página anterior

Clasifica cada situación real, según corresponda cada caso, dentro de una de las categorías de riesgos físicos, químicos, biológicos o psicosociales:

1. Exposición prolongada a temperaturas bajo cero en cámaras frigoríficas.
2. Manipulación de productos de limpieza altamente tóxicos.
3. Estrés por plazos ajustados de entrega en oficinas.
4. Ruido constante superior a 90 dB(A) en la zona de envasado.
5. Contacto con bacterias y hongos en el laboratorio de control de calidad.
6. Cansancio y monotonía por tareas repetitivas.
7. Riesgo de quemaduras por contacto con superficies calientes en hornos industriales.
8. Inhalación de vapores de disolventes sin ventilación adecuada.
9. Manejo de jeringas contaminadas en un área de análisis.
10. Conflictos entre compañeros de trabajo que generan mal ambiente laboral.

---

4. Análisis a la carga de trabajo, fatiga e insatisfacción laboral

Además de las enfermedades y los accidentes, la prevención de riesgos laborales también lleva a cabo el análisis de otras patologías que tienen su origen en el trabajo, aunque es cierto que la relación de causalidad es menos clara y específica. En ocasiones, estas patologías son tratadas como enfermedades comunes y es difícil que sean consideradas legalmente como enfermedades profesionales.

La carga de trabajo, es decir, el conjunto de requerimientos psicofísicos a los que se ve sometido el trabajador a lo largo de su jornada laboral, puede dar lugar principalmente a patologías como la fatiga, mientras que otros factores como la monotonía o la poca participación en las tareas pueden generar insatisfacción laboral.

4.1. La fatiga física

La fatiga física es una condición caracterizada por el cansancio extremo del cuerpo tras un esfuerzo prolongado, intenso o repetitivo, que disminuye la fuerza, la resistencia y la capacidad de respuesta muscular. Se manifiesta comúnmente a través de debilidad, lentitud en los movimientos, dolores musculares y falta de energía, lo que puede aumentar el riesgo de accidentes o lesiones si no se atiende adecuadamente. Su prevención y su recuperación requieren de un equilibrio entre actividad y descanso, una correcta alimentación, hidratación y hábitos de vida saludables que favorezcan la recuperación del organismo.

La fatiga es o conlleva directamente la disminución de la capacidad física y mental del trabajador, generalmente después de haber realizado un trabajo durante un tiempo determinado. Física o mental, la fatiga suele ser el reflejo de una carga de trabajo excesiva.

Para evitar la fatiga física y mental pueden llevarse a cabo las siguientes medidas preventivas:

➲ **Fatiga física:**

- Si al trabajar de pie surgen muestras de cansancio, se descansará de vez en cuando en una silla.
- Al trabajar de pie se utilizará calzado adecuado.
- Si al trabajar de pie durante un tiempo no hay cambios de lugar, se alternará la posición de los pies.
- Al trabajar sentado, hay que mantener la espalda apoyada en el respaldo de la silla, lo más recta posible.
- Al trabajar sentado, hay que colocar la mesa a la altura de los codos.
- Al trabajar sentado, hay que adecuar la altura de la silla al tipo de trabajo.
- Reducir los movimientos repetitivos, sobre todo si requieren un considerable esfuerzo.
- Cambiar de tarea de vez en cuando.
- Diseñar ergonómicamente los puestos de trabajo.
- Evitar una excesiva fuerza manual al tener que realizar los movimientos.
- Evitar esfuerzos prolongados.
- Utilizar herramientas manuales de diseño ergonómico.
- Si hay que utilizar herramientas manuales constantemente, es recomendable usar guantes que se ajusten bien a las manos.

➲ **Fatiga mental:**

- Si una tarea requiere una fijación intensa de la vista, habrá que alternarla con otras tareas.
- Si una tarea requiere una atención considerable, hay que establecer pausas planificadas.

◑ Al trabajar sentado, el campo de visión de trabajo debe encontrase frente al trabajador. Además, la altura y la distancia de la vista sobre los objetos de trabajo deben ser las adecuadas.

◑ Si se utiliza pantalla de visualización de datos, el borde superior de esta debe encontrase, más o menos, a la altura de los ojos y a unos 50 cm de distancia; además, la mesa debe encontrase a la altura de los codos, la espalda apoyada en el respaldo de la silla y hacer uso de un reposapiés.

◑ La empresa debe contar con sistemas informáticos que procesen la información.

◑ Asegurarse de que las tareas que realizar son compatibles con las capacidades de los trabajadores y los recursos disponibles.

◑ Proporcionar el tiempo necesario para realizar las tareas de forma satisfactoria.

◑ Planificar la actividad para evitar prisas y plazos de entrega ajustados.

◑ Fomentar unos comportamientos adecuados: selección de los hechos relevantes, inducir a la racionalidad, etc.

NOTA

Reducir los movimientos repetitivos descansando cada 30 s es esencial para recuperar las tensiones.

Trabajador con la pantalla a la altura y distancia correcta respecto a los ojos, espalda apoyada en el respaldo de la silla, mesa a la altura de los codos y pies sobre un reposapiés

 **RECUERDA**

Para evitar la fatiga física al trabajar de pie hay que utilizar el calzado adecuado.

4.2. La insatisfacción laboral

Ocasionada por diversos factores (monotonía, falta de autonomía, poca participación, bajo contenido de las tareas en relación con la capacidad del trabajador...), la insatisfacción laboral es difícilmente evaluable, pero generalmente repercute negativamente en el rendimiento del trabajador. Ante la aparición de síntomas de insatisfacción, desde la dirección de la empresa se deben tomar las correctas medidas preventivas. Algunas de ellas son:

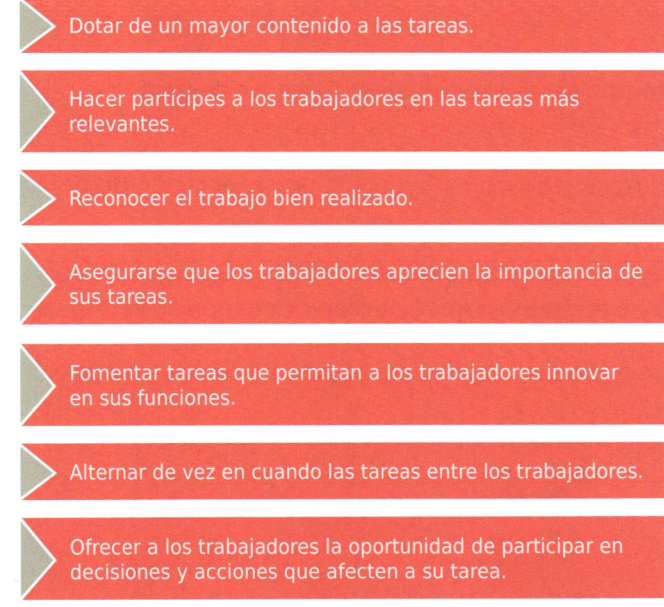

Dotar de un mayor contenido a las tareas.

Hacer partícipes a los trabajadores en las tareas más relevantes.

Reconocer el trabajo bien realizado.

Asegurarse que los trabajadores aprecien la importancia de sus tareas.

Fomentar tareas que permitan a los trabajadores innovar en sus funciones.

Alternar de vez en cuando las tareas entre los trabajadores.

Ofrecer a los trabajadores la oportunidad de participar en decisiones y acciones que afecten a su tarea.

5. Identificación de los sistemas elementales de control de riesgos. Aplicación de los medios de protección colectiva. Manipulación de equipos de protección individual. Señalización de seguridad

La prevención de riesgos laborales tiene como objetivo principal la protección de la seguridad y la salud de los trabajadores a través de la eliminación de los riesgos o, al menos, controlándolos.

Hay que determinar la fuente de daño y seleccionar las medidas de control. Estas medidas normalmente se pueden encuadrar en dos grandes grupos y/o sistemas de control: medidas de protección colectiva y equipos de protección individual; aunque hay clasificaciones que abarcan un poco más, como se muestra a continuación, es decir, los empleados para controlar los riesgos en su origen, los aplicados en el medio de propagación y los aplicados a los trabajadores.

5.1. Sistemas elementales de control de riesgos

A continuación, se describen varios sistemas elementales para controlar los riesgos que ocurren en el origen, en el medio de propagación y a los trabajadores.

Sistemas y/o métodos para controlar los riesgos en el origen

Los riesgos en el origen pueden ser controlados mediante:

Selección
- Un proceso de selección de equipos y diseños adecuados.

Sustitución
- La sustitución de todas aquellas máquinas, herramientas, productos peligrosos, etc., por otras que entrañen menos peligro.

Continúa en página siguiente >>

<< Viene de página anterior

Aislamiento
- Si no se puede evitar el riesgo, al menos es conveniente minimizarlo, acotando y cerrando el espacio de trabajo. Además, pueden adoptarse medidas complementarias como la señalización y la restricción de entrada a estos lugares.

Métodos húmedos
- Aplicar a determinados procesos chorros de agua u otro líquido, evitando o disminuyendo así la generación de polvo.

Extracción localizada
- Se aplica en el punto donde se genera la contaminación, reduciendo la concentración de contaminantes antes de su difusión al medio de propagación.

Sistema de extracción localizada

Sistemas y/o métodos de control aplicados en el medio de propagación

Habrá que intervenir sobre el medio de propagación siempre que la actuación sobre el foco (origen) resulte insuficiente. Entre los métodos de control podemos destacar:

Orden y limpieza
- Se trata de una de las medidas básicas en la prevención de riesgos profesionales.

Ventilación general
- En el caso de haber productos volátiles en el ambiente de trabajo, la dilución o mezcla del aire contaminado con aire puro conseguirá reducir los contaminantes y mantenerlos por debajo de unos límites aceptables.

Sistemas de alarma
- Método técnico que alerta a los trabajadores de situaciones peligrosas y así poder evitar daños en los trabajadores.

Sistemas y/o métodos de control aplicados a los trabajadores

Cuando las actuaciones en el origen y en el medio de propagación hayan sido insuficientes, se deben tomar medidas de protección sobre el trabajador.

En primer lugar, hay que tener en cuenta que es preferible la adopción de **medidas de protección colectiva** que la utilización de protección individual. También es importante saber que los **equipos de protección individual** no reducen el peligro, sino las posibles consecuencias.

IMPORTANTE

Los sistemas de protección colectiva suelen ser más importantes que los equipos de protección individual, entre otras cosas porque protegen a varios trabajadores a la vez.

- -

Por otro lado, los encargados de la prevención en la empresa tendrán presentes:

Métodos de trabajo
- Buscan evitar una exposición excesiva a los peligros mediante el establecimiento de procedimientos, normas e instrucciones de trabajo que definan la correcta realización de las tareas.

Formación e información
- Capacitará a los trabajadores para identificar los riesgos derivados de su trabajo y así evitarlos.

Rotación del personal
- Ante el peligro, la reducción del tiempo de exposición minimizará el riesgo.

ACTIVIDAD COMPLEMENTARIA

11. Cita un ejemplo de sistema, máquina o equipo utilizado para controlar un riesgo en su origen.

    Además, indica por qué crees que hay que anteponer las medidas de protección colectiva a los equipos de protección individual.

5.2. Otros sistemas de control de riesgos: protección colectiva y protección individual

Cuando los riesgos no se pueden evitar, hay que evaluarlos y, tras ello, poner en práctica las medidas preventivas necesarias. Entre estas se encuentran los sistemas de protección colectiva y los equipos de protección individual.

Protección colectiva

Los sistemas de protección colectiva son aquellos medios de seguridad utilizados para proteger a varios trabajadores. Ya sea para evitar el riesgo o controlarlo, los principales sistemas de protección colectiva son los que se presentan a continuación.

Redes de seguridad

Las redes de seguridad son utilizadas en aquellos lugares en los que se pretende evitar o disminuir la caída de las personas y/u objetos a distinto nivel. Destacan las siguientes:

Redes tipo tenis
- Normalmente se instalan para evitar la caída en edificios en obras, en los bordes de los forjados de plantas diáfanas. Se colocan por la cara interior de los pilares de fachada.

Redes verticales
- Se utilizan para evitar la caída por huecos verticales; por ello, normalmente se instalan en fachadas, tanto exteriores como las que dan a grandes patios interiores.

Redes horizontales
- Normalmente se utilizan en obras para evitar caídas por los huecos horizontales, por ejemplo, por los huecos de los forjados.

Redes con soporte tipo horca
- Son redes verticales de fachada que sirven para limitar las caídas que se produzcan desde plantas superiores.

Barandillas de seguridad

Las barandillas de seguridad son elementos cuyo objetivo es evitar la caída de personas al vacío cuando se encuentran trabajando o circulando en altura.

Las barandillas de seguridad deben:

➲ Ser sólidas y rígidas, por lo que todos sus componentes deben poseer estas características.
➲ Tener una barra superior situada a más de 90 cm del suelo, una barra intermedia y un rodapié de al menos 15 cm de altura.

NOTA

Según la Nota Técnica de Prevención 669, se recomienda que la altura de la barra superior sea de 1.000 mm ±50 mm, la de la barra intermedia de al menos 470 mm y la del rodapié de 150 mm.

Barandilla de seguridad en plataforma sobre andamio tubular

NOTA

La protección de la plataforma de trabajo por medio de barandillas de seguridad no es obligatoria si la altura de la posible caída es inferior a 2 m.

Resguardos de las máquinas

Los resguardos son aquellos elementos protectores que poseen las máquinas para impedir que el trabajador entre en contacto con las partes peligrosas, evitando golpes, cortes, atrapamientos...

Resguardo fijo

Los resguardos garantizan la protección del trabajador mediante una barrera material que, dependiendo de sus características, puede ser una carcasa, una cubierta, una pantalla, una tapa, etc. Sea cual sea el tipo de resguardo, lo principal es que cumpla con una serie de requisitos:

- ⮱ Ser sólidos y resistentes.
- ⮱ Retener perfectamente las proyecciones.
- ⮱ No ocasionar peligros suplementarios.
- ⮱ No se pondrán fuera de funcionamiento con facilidad.
- ⮱ Permitirán intervenciones indispensables como colocación, mantenimiento...

A grandes rasgos, podemos encontrar dos tipos de resguardos:

Resguardos fijos
- Se mantienen en posición de cerrado (por soldadura, tornillos, etc.) para evitar que puedan retirarse, pudiéndose abrir solo en el caso de ayudarse de herramientas. Pueden ser envolventes, que encierran completamente la zona peligrosa, o distanciadores, que hacen inaccesible la zona peligrosa.

Resguardos móviles
- Articulados o guiados, permiten su apertura sin la utilización de herramientas. Para garantizar su eficacia deben ir asociados a un dispositivo de enclavamiento, con o sin bloqueo.

Interruptor diferencial

El interruptor diferencial es un dispositivo de seguridad que desconecta automáticamente el sistema eléctrico cuando se produce una derivación de corriente, es decir, tiene la capacidad de detectar la diferencia entre la corriente de entrada y la de salida en un circuito.

Interruptor diferencial

Cuando esta diferencia supera el valor determinado para el que está calibrado (sensibilidad), el dispositivo abre el circuito, interrumpiendo el paso de la corriente a la instalación que protege.

Iluminación

A pesar de ser un factor de calidad de vida, a la iluminación en muchas ocasiones no se le da la debida importancia.

Empresa bien iluminada

Los ojos suelen adaptarse, al menos a corto plazo, a condiciones deficientes de iluminación. Pero si la deficiencia de iluminación es prolongada, podemos empezar a sufrir molestias, a veces directamente en los ojos (irritación, cansancio ocular, etc.) y otras veces molestias no oculares, como dolor de cabeza o fatiga.

En cualquier centro de trabajo es imprescindible que las tareas se realicen bajo unas óptimas condiciones de iluminación. Para ello, hay que:

- Disponer de luz natural.
- Disponer de persianas u otros dispositivos para evitar deslumbramientos.
- Disponer de un sistema de iluminación artificial complementaria, general, proveniente de las lámparas y los focos del techo y las paredes, y localizada, para disponer de un mayor nivel de luz en aquellos puestos de trabajo que lo requieran.

Ventilación

La ventilación es un sistema de protección colectiva basado en la sustitución del aire del interior de un recinto por otro en mejores condiciones (temperatura, humedad, pureza, etc.).

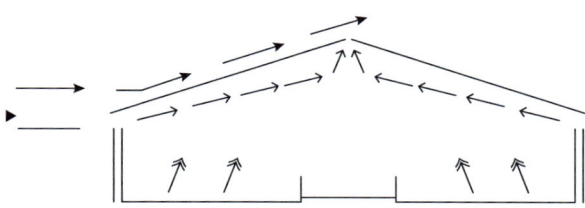

Esquema representativo de ventilación general

En los establecimientos normalmente nos encontramos con dos tipos de ventilación: natural, basada en aperturas (puertas, ventanas...), y artificial, basada en máquinas y/o equipos que extraen, producen e introducen aire para mantenerlo en buenas condiciones en el local de trabajo.

Ya sea natural y/o artificial, otra clasificación distingue:

Ventilación general
- Utilizada para reducir la contaminación hasta unos niveles aceptables en todo el espacio de la empresa.

Ventilación localizada
- Utilizada para eliminar el agente contaminante en el mismo foco de generación, impidiendo así su dispersión por el local.

IMPORTANTE

La ventilación general y la ventilación localizada deben estar presentes en los lugares de trabajo, ya se utilicen por separado o a la vez.

Climatización

La temperatura y el grado de humedad de los locales son dos condicionantes importantes para salvaguardar la salud de los trabajadores (resfriados, fatiga, etc.). Por ello, es necesario instalar un buen sistema de climatización.

Climatización artificial en el local de trabajo

El Real Decreto 486/1997, de 14 de abril, por el que se establecen las disposiciones mínimas de seguridad y salud en los lugares de trabajo, en su artículo 7 refleja las obligaciones del empresario respecto a las condiciones ambientales, destacando su punto 1:

La exposición a las condiciones ambientales de los lugares de trabajo no deberá suponer un riesgo para la seguridad y salud de los trabajadores. A tal fin, dichas condiciones ambientales y, en particular, las condiciones termo higrométricas de los lugares de trabajo deberán ajustarse a lo establecido en el anexo III.

El mencionado anexo III del Real Decreto 486/1997 dice, entre otras cosas, que en los locales de trabajo cerrados:

La temperatura de los locales donde se realicen trabajos sedentarios propios de oficinas o similares estará comprendida entre 17 y 27 °C.

La temperatura de los locales donde se realicen trabajos ligeros estará comprendida entre 14 y 25 ºC.

La humedad relativa estará comprendida entre el 30 y el 70 %, excepto en los locales donde existan riesgos por electricidad estática en los que el límite inferior será el 50 %.

Por último, hay que indicar que, además de un buen sistema de climatización, hay que tomar otra serie de medidas preventivas para evitar los problemas que puedan acarrear la temperatura y la humedad:

- ⮞ Actuar sobre las fuentes de calor, generalmente apantallando los focos radiantes.
- ⮞ Actuar sobre los trabajadores: ropa de trabajo adecuada, rotar a los trabajadores, etc.

 **RECUERDA**

La temperatura de lugares donde se realicen trabajos sedentarios debe estar comprendida entre 17 y 27 °C, mientras que en donde se realicen trabajos ligeros estará comprendida entre 14 y 25 °C.

Señalización

La señalización de seguridad es un tipo de protección colectiva que siempre debe utilizarse como medida complementaria.

Consiste en el uso de señales visuales y sonoras para informar a los trabajadores y los usuarios sobre determinados riesgos, prohibiciones, obligaciones, etc., en materia de seguridad:

Señales en forma de panel

Señales luminosas

Señales acústicas

Comunicaciones verbales

Señales gestuales

En las empresas, las señales más habituales son las visuales en forma de panel, aunque también es importante que haya señales sonoras, como es el caso de una alarma. Entre las señales en forma de panel destacan:

- **Señal de advertencia.** Triangular, con pictograma negro sobre fondo amarillo.
- **Señal de obligación.** Redonda, con pictograma blanco sobre fondo azul.
- **Señal de prohibición.** Redonda, con pictograma negro sobre fondo blanco, y borde y banda roja.
- **Señal de lucha contra incendios.** Cuadrada o rectangular, con pictograma blanco sobre fondo rojo.
- **Señal de salvamento o socorro.** Cuadrada o rectangular, con pictograma blanco sobre fondo verde.

Señales en forma de panel relativas a la lucha contra incendios

Es importante destacar que la señalización debe cumplir una serie de requisitos generales para que sea eficaz:

- Atraer la atención de los trabajadores.
- Ser clara.
- Dar a conocer su mensaje con suficiente antelación.
- Ofrecer la posibilidad real de cumplimiento.

Limpieza

Aunque no se trata de un sistema de protección propiamente dicho, la limpieza sí es una medida que protege colectivamente a los trabajadores. Por ello, se analiza en este apartado.

IMPORTANTE

Junto con el orden, la limpieza es una de las medidas básicas para la prevención de riesgos. Por ello, hay que fomentar el interés de los trabajadores por esta tarea básica que puede evitar incendios, caídas, choques...

En el Real Decreto 486/1997, de 14 de abril, por el que se establecen las disposiciones mínimas de seguridad y salud en los lugares de trabajo, se hace alusión, en su anexo II, al orden, la limpieza y el mantenimiento, aunque a continuación solo se reflejarán cuestiones referidas al orden y la limpieza:

⊃ Las zonas de paso y las salidas, especialmente las vías y las salidas de emergencia, permanecerán libres de obstáculos.
⊃ Los lugares de trabajo se limpiarán periódicamente, además de siempre que sea necesario.
⊃ Se eliminarán rápidamente los desperdicios, las manchas de grasa, los residuos de sustancias peligrosas y los demás productos residuales que puedan originar accidentes o contaminar el ambiente de trabajo.

Pasillo del almacén limpio y libre de obstáculos

Es importante saber que el mantenimiento del orden y la limpieza adecuados es una de las obligaciones de los trabajadores, es decir, cada uno de ellos mantendrá en condiciones su lugar de trabajo para así evitar que constituya una fuente de riesgo adicional.

Ante la presencia de cables y equipos móviles, también hay que tomar las adecuadas medidas preventivas. Respecto a los cables, hay que decir que estos nunca deben encontrarse a nivel del pavimento, sino por paredes, debajo del pavimento, etc., mientras que la maquinaria móvil debe encontrarse señalizada y, cuando deje de utilizarse, estacionada en el lugar destinado para ello.

Por último, hay que indicar que el orden y la limpieza correctos del lugar de trabajo no podrán darse en condiciones si los trabajadores no poseen hábitos consolidados para ello. En este sentido, juega un papel esencial la información y la formación de los trabajadores, teniendo muy en cuenta que los conocimientos y las recomendaciones ofrecidas hay que consolidarlas.

Además de formar e informar a los trabajadores, hay que:

⊃ Considerar la limpieza y la ordenación como tareas propias del trabajo, es decir, integrarlas en las tareas regulares de la empresa.
⊃ Recibir el apoyo firme de la dirección de la empresa.
⊃ Asignar responsabilidades.

Sistemas de protección contra incendios

Los sistemas de protección contra incendios están destinados a, en caso de iniciarse un incendio, limitar su propagación y reducir sus consecuencias. Destacan:

Protección estructural
- Tiene que aparecer en la fase de proyecto del local y consiste en diseñar los elementos constructivos y los materiales de forma que constituyan una barrera contra el avance del posible incendio, además de lograr su aislamiento en sectores de incendio controlados. Es lo que se conoce como sectorización.

Continúa en página siguiente >>

<< Viene de página anterior

Detección y alarma
- Sistema para detectar lo antes posible la existencia de un incendio en cualquier lugar de la empresa y avisar para que se ponga en marcha la evacuación de las personas y la extinción del incendio.

Extinción
- Sistema basado en medios automáticos de lucha contra el fuego para que se actúe lo antes posible y de la manera más eficaz.

Como los trabajadores normalmente solo pueden advertir la presencia de sistemas de detección y alarma, y sistemas de extinción, serán solo estos los que se analicen a continuación.

Los **sistemas de detección de incendios** descubren la presencia de un fuego en un lugar determinado y envían la señal a otros sistemas (principalmente alumbrado de emergencia y alarma) para que avisen del hecho peligroso. Revelan la presencia de fuego a través de alguno de los fenómenos acompañantes de este: gases, humos, alta temperatura, etc.

Detector de incendio: avisa de un incendio en su fase inicial.

 IMPORTANTE

En la instalación de detectores de incendios hay que tener en cuenta las ordenanzas de los diferentes municipios.

Los sistemas de alarma normalmente se basan en señales acústicas, señales visuales o la combinación de ambas.

Generalmente, las señales acústicas (sonido audible) son las que avisan sonoramente de la situación de emergencia.

Alarma: su sonido alerta de una situación peligrosa.

Por otro lado, las señales visuales suelen darse por medio del alumbrado de emergencia, sistema basado en luminarias para que sean atendidas en caso de emergencia.

Alumbrado de emergencia: sus lámparas se encienden ante la situación peligrosa.

Finalmente, los **sistemas automáticos de extinción** están destinados a, una vez que se detecte el incendio, actuar mecánicamente para extinguirlo.

Normalmente, las empresas instaladoras montan estos sistemas dependiendo del material que puede arder en el lugar o si hay materiales de condiciones especiales:

Combustibles sólidos
- Para incendios cuando arden combustibles sólidos (madera, papel, etc.), se suelen utilizar sistemas de extinción de agua, ya sean rociadores o de agua pulverizada.

Líquidos
- Para incendios cuando arden líquidos, se suelen utilizar sistemas de extinción con espuma.

Equipos electrónicos
- En locales donde se quieran proteger los equipos electrónicos e informáticos, se suelen utilizar sistemas de extinción de gases.

Rociador de agua

NOTA

Como una de las características de la protección colectiva es que no molesta a los trabajadores, los extintores de incendios portátiles y las bocas de incendio no han sido mencionados en este punto (tienen que ser utilizados directamente por los trabajadores).

Protección individual

El Real Decreto 773/1997 define al equipo de protección individual (EPI) como "cualquier equipo destinado a ser llevado o sujetado por el trabajador para que le proteja de uno o varios riesgos que puedan amenazar su seguridad o su salud, así como cualquier complemento o accesorio destinado a tal fin".

Tras la definición, todo trabajador debe saber que:

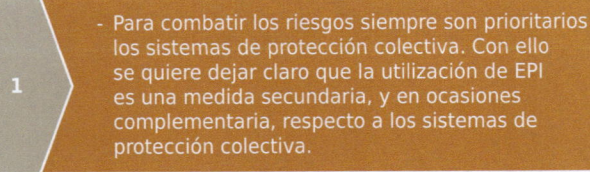

1 - Para combatir los riesgos siempre son prioritarios los sistemas de protección colectiva. Con ello se quiere dejar claro que la utilización de EPI es una medida secundaria, y en ocasiones complementaria, respecto a los sistemas de protección colectiva.

2 - En todo EPI debe aparecer el marcado CE, a través del cual el fabricante declara que el equipo se ajusta a una serie de disposiciones obligatorias relativas a la seguridad.

3 - Todo EPI debe traer un folleto informativo en español sobre instrucciones de uso, limitaciones, mantenimiento, limpieza, caducidad, etc.

 **RECUERDA**

Para combatir los riesgos siempre son prioritarios los sistemas de protección colectiva.

A continuación, se describen los principales equipos de protección individual (EPI).

Casco de seguridad

El casco de seguridad es aquel equipo de protección individual destinado a la protección de la cabeza ante impactos mecánicos, aunque también puede proteger ante riesgos de naturaleza térmica o eléctrica.

NOTA

Quienes realicen tareas en altura deben hacer uso de cascos que protejan ante riesgos eléctricos por la posible cercanía a líneas eléctricas.

- -

El casco de seguridad es el equipo de protección más usado en el sector de la construcción y el industrial.

Guantes de seguridad

Los guantes de seguridad están destinados a la protección de las manos ante cortes, golpes, quemaduras, contactos eléctricos, productos químicos, objetos que pueden generar una infección biológica (jeringuilla, bisturí...), etc.

Por ello, hay que tener muy claro qué tipo de guantes están específicamente diseñados para los riesgos y las tareas correspondientes. En la elección de los guantes deben evaluarse los riesgos, ya que ello determinará las propiedades relevantes y los niveles de prestación aceptables.

Guantes de seguridad

Protectores respiratorios

Por otra parte, las partículas o las sustancias presentes en el aire pueden afectar a la salud del trabajador. Por ello, en estos casos es necesaria la utilización de protectores respiratorios, por ejemplo, mascarillas.

Mascarilla

Calzado para la protección individual

Según la Nota Técnica de Prevención 813, el calzado para la protección individual puede ser:

Calzado de seguridad
- Calzado que incorpora elementos para proteger al usuario de riesgos que puedan dar lugar a accidentes. Está equipado con tope de seguridad para proteger la parte delantera del pie (dedos), diseñado para ofrecer protección contra el impacto cuando se ensaya con un nivel de energía de, al menos, 200 J y contra la compresión cuando se ensaya con una carga de, al menos, 15 kN.

Calzado de protección
- Calzado que incorpora elementos para proteger al usuario de riesgos que puedan originar accidentes. Está equipado con tope de seguridad para proteger la parte delantera del pie (dedos), diseñado para ofrecer protección contra el impacto cuando se ensaya con un nivel de energía de, al menos, 100 J y contra la compresión cuando se ensaya con una carga de, al menos, 10 kN.

Calzado de trabajo
- Calzado que incorpora elementos para proteger al usuario de riesgos que puedan dar lugar a accidentes. No garantiza protección contra el impacto y la compresión en la parte delantera del pie.

Siguiendo las definiciones anteriores, el nivel de protección es mayor con el calzado de seguridad, luego con el calzado de protección y el que menor grado de protección ofrece es el calzado de trabajo.

Los trabajadores deben utilizar el calzado que más les convenga, siendo necesario, en los casos que necesitan más protección, la utilización de calzado de seguridad con las siguientes características:

⊃ Dieléctrico.
⊃ Antideslizante.
⊃ Hidrófugo.

DEFINICIÓN

Material dieléctrico
Aquel considerado como mal conductor de la electricidad.

Material hidrófugo
Aquel que evita la filtración de la humedad.

Calzado de seguridad

Protectores auditivos

Ante la presencia en el ambiente de trabajo de un alto nivel de ruido, los trabajadores deben hacer uso de protectores auditivos.

NOTA

En caso de que en el área de trabajo se sobrepase el valor de exposición al ruido de 87 dB(A), los trabajadores obligatoriamente utilizarán un protector auditivo.

La fabricación y la comercialización de los protectores auditivos (orejeras o tapones) se rigen por la normativa propia de los equipos de protección individual, siendo necesaria la certificación de la Unión Europea (CE), que garantiza el cumplimiento de ciertas prestaciones.

Protectores auditivos: orejeras y tapones

Protectores oculares

Ante la posibilidad de que las tareas puedan dañar los ojos, deben utilizarse protectores oculares.

Su eficacia será la idónea si su resistencia es la adecuada y si su diseño o montura, o bien unos elementos adicionales adaptables a ella, protegen los ojos en cualquier dirección.

Es recomendable saber que deben utilizarse protectores oculares filtrantes si hay riesgo de exposición a radiaciones ópticas (ultravioleta, infrarroja o láser).

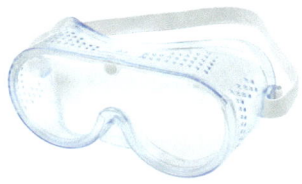

Protector ocular: gafas de seguridad

Protectores dorsolumbares

Aquellos trabajadores que puedan sufrir lesiones dorsolumbares, por ejemplo, los que constantemente manipulan manualmente cargas, deben utilizar protectores.

Los problemas que pueden sufrir en la espalda (en la columna o musculares) y la cintura deben ser evitados, entre otros, con la ayuda de equipos de protección individual, como es el caso de fajas y cinturones. Estos equipos también son muy indicados cuando el trabajador ya sufre patologías.

Faja dorsolumbar

Ropa de protección

Si la ropa utilizada por un trabajador evita riesgos, esta ropa es considerada un equipo de protección individual.

La ropa de protección puede estar fabricada para evitar distintos riesgos, por ejemplo, el riesgo por trabajar a bajas temperaturas, el riesgo de quemaduras, el riesgo al trabajar con productos químicos, etc.

Ropa especial para soldar

6. Resumen

La prevención de riesgos laborales constituye un elemento esencial para garantizar la seguridad y la salud de los trabajadores, reduciendo tanto los accidentes como las enfermedades profesionales. En el marco de esta unidad se han analizado los **riesgos generales en el trabajo y su prevención,** clasificándolos en función de su origen y sus efectos sobre la salud.

Los **riesgos ligados a las condiciones de seguridad** incluyen caídas, golpes, atrapamientos, cortes, contactos eléctricos y fallos en instalaciones o máquinas. Se ha destacado la importancia de evaluar los lugares de trabajo, los equipos y las instalaciones, aplicando medidas como barandillas, resguardos, señalización, revisiones periódicas y la correcta manipulación de herramientas y maquinaria.

En relación con el **medioambiente de trabajo,** se identifican los agentes físicos (ruido, vibraciones, radiaciones, iluminación deficiente y condiciones térmicas inadecuadas), los agentes químicos (polvos, gases, humos, vapores y sustancias tóxicas) y los agentes biológicos (bacterias, virus, hongos y parásitos). Cada uno de ellos puede provocar daños específicos sobre la salud, desde hipoacusia hasta intoxicaciones o infecciones, por lo que se requieren medidas colectivas (ventilación, aislamiento, filtros, climatización y señalización) y el uso de equipos de protección individual adecuados.

Asimismo, se han abordado los **riesgos de naturaleza psicosocial,** derivados de la carga de trabajo, la fatiga física y mental, y la insatisfacción laboral. Estos factores influyen directamente en la seguridad y el bienestar de los empleados, por lo que deben prevenirse mediante pausas, rotación de tareas, ergonomía, buena organización del trabajo, participación del personal y hábitos saludables.

En cuanto a los **sistemas de control de riesgos,** se clasifican en tres niveles:

- **En el origen del riesgo:** selección adecuada de equipos, sustitución de materiales peligrosos, aislamiento de procesos y sistemas de extracción localizada.
- **En el medio de propagación:** orden y limpieza, ventilación general, climatización y sistemas de alarma.
- **Sobre el trabajador:** medidas de protección colectiva y equipos de protección individual.

Los **sistemas de protección colectiva** incluyen redes y barandillas de seguridad, resguardos de máquinas, interruptores diferenciales, señalización, iluminación, ventilación, climatización, limpieza y sistemas de protección contra incendios (detección, alarma y extinción).

Por su parte, los **equipos de protección individual (EPI)** son imprescindibles cuando la protección colectiva no es suficiente. Entre ellos destacan el casco de seguridad, los guantes, los protectores respiratorios, el calzado de seguridad, los protectores auditivos, las gafas de protección ocular, las fajas dorsolumbares y la ropa de protección.

Ejercicios de autoevaluación
Unidad de Aprendizaje 2

1. En las oficinas, ¿cuál debe ser la altura mínima de los techos?

    a. 2 m
    b. 2,5 m
    c. 3 m
    d. 3,5 m

2. En el mundo de la electricidad, ¿qué son las cinco reglas de oro?

    a. Las características que debe tener una instalación eléctrica para que sea segura.
    b. Los pasos que seguir para trabajar sin tensión.
    c. Los sistemas de seguridad que deben tener los equipos eléctricos.
    d. Todas las opciones son correctas.

3. ¿Cuándo se considera que el ruido puede provocar daños en los oídos?

    a. Si durante una jornada interrumpida de 8 h se mantiene un nivel de ruido mayor de 60 dB (A).
    b. Si durante una jornada interrumpida de 8 h se mantiene un nivel de ruido mayor de 70 dB (A).
    c. Si durante una jornada interrumpida de 8 h se mantiene un nivel de ruido mayor de 80 dB (A).
    d. Todas las opciones son incorrectas.

4. ¿Qué tipo de riesgo representan las intoxicaciones por inhalación de productos químicos?

    a. Psicosocial.
    b. Químico.
    c. Físico.
    d. Ergonómico.

5. **No es un método de actuación ante la presencia de agentes químicos...**

   a. ... actuar sobre la estructura del local.
   b. ... actuar sobre el foco contaminante.
   c. ... actuar sobre el medio de difusión.
   d. ... actuar sobre el individuo receptor.

6. **¿Cuál de los siguientes tipos de red de seguridad está destinado a limitar la caída de personas y/u objetos?**

   a. Red tipo tenis.
   b. Red vertical.
   c. Red horizontal.
   d. Red con soporte tipo horca.

7. **No es un requisito que debe cumplir la señalización del lugar de trabajo...**

   a. ... ser luminosa.
   b. ... ofrecer la posibilidad real de cumplimiento.
   c. ... dar a conocer el mensaje con suficiente antelación.
   d. ... atraer la atención de los trabajadores.

8. **¿Cuál de las siguientes opciones es un sistema de protección contra incendios?**

   a. Protección estructural.
   b. Detección y alarma.
   c. Extinción.
   d. Todas las opciones son correctas.

9. **¿Cuál de los siguientes tipos de calzado es el que mayor protección ofrece?**

   a. Calzado de seguridad.
   b. Calzado de protección.
   c. Calzado de trabajo.
   d. Calzado termoplástico.

10. **¿Cuál de las siguientes afirmaciones describe correctamente un material dieléctrico?**

    a. Es un material que evita la filtración de la humedad.

    b. Es un material que conduce eficazmente la electricidad.

    c. Es un material considerado como mal conductor de la electricidad.

    d. Es un material que absorbe la humedad del ambiente.

Introducción a la gestión de la prevención de riesgos laborales

Contenido

Objetivos

El objetivo general de esta Unidad de Aprendizaje:

→ Identificar los derechos y las obligaciones de los trabajadores en relación con la seguridad y la salud en el trabajo a fin de tomar conciencia sobre la importancia de involucrarse en la PRL.

Los objetivos específicos de esta Unidad de Aprendizaje son:

→ Identificar los principales organismos e instituciones nacionales e internacionales relacionados con la prevención de riesgos laborales, reconociendo sus funciones y ámbitos de actuación.
→ Analizar las obligaciones y las responsabilidades del empresario en materia preventiva, incluyendo la evaluación de riesgos, la planificación, la formación y la vigilancia de la salud de los trabajadores.
→ Describir las distintas modalidades de organización preventiva en la empresa, valorando la importancia de la participación de los delegados de prevención y de los comités de seguridad y salud.
→ Aplicar los principios de la gestión documental y de las rutinas básicas preventivas como herramientas para consolidar una cultura de seguridad y salud en el trabajo.
→ Analizar una situación real en la que una empresa incumple obligaciones básicas de prevención, aplicando los conocimientos adquiridos sobre organización preventiva, representación de los trabajadores y documentación obligatoria.

1. Introducción

En la actualidad, aunque se siguen produciendo casos de accidentes y enfermedades laborales, además de otras patologías derivadas del trabajo, es cierto que las cifras son menores que en épocas anteriores; ello es debido en parte a la regulación de este campo y a la correcta gestión de la prevención.

La regulación por medio de la normativa, entre otras cosas, reconoce el derecho de representación y participación de los trabajadores, además de ofrecer una serie de conceptos básicos para comprender mejor el mundo de la prevención, pero a la vez son conceptos muy importantes porque sus definiciones son legales y ello puede aclarar muchos asuntos y casos como el reconocimiento de accidentes y enfermedades laborales.

No hay que olvidar la importancia de la gestión de la prevención de las empresas, la cual, según el caso, puede asumirla personalmente el empresario, designar a uno o varios trabajadores para ello, constituir un servicio de prevención propio o recurrir a un servicio de prevención ajeno.

Los trabajos realizados en cualquier tipo de empresa conllevan una serie de riesgos para la seguridad y la salud de los propios trabajadores.

Por ello, a continuación, se ha realizado un estudio para que en pymes y micropymes sepan gestionar correctamente la prevención.

2. Organismos públicos relacionaos con la seguridad y la salud en el trabajo

Dentro del derecho del trabajo y, especialmente, en el ámbito de la seguridad y la salud en el trabajo, adquieren especial importancia los convenios elaborados en el seno de la Organización Internacional del Trabajo (OIT) y los tratados y directivas europeas asumidas por España al formar parte, como miembro de pleno derecho, de la Unión Europea.

2.1. Instituciones y organismos internacionales

A continuación, se explican las principales instituciones y organismos internacionales que velan por la seguridad y la salud en el trabajo.

La Organización Internacional del Trabajo (OIT)

La OIT, con sede en Ginebra, es sin duda una de las organizaciones internacionales laborales más importantes, tanto por su antigüedad como por la intensidad de sus actividades y el gran número de países que pertenecen a este organismo.

Bandera de la Organización Internacional del Trabajo

Entre las funciones más importantes de la OIT destacan:

- Asistencia técnica.
- Recopilación y difusión de información.
- Elaboración y aprobación de convenios y recomendaciones internacionales.

Los **convenios de la OIT,** una vez ratificados por un Estado miembro concreto, son instrumentos destinados a la creación de obligaciones de carácter internacional. Las recomendaciones, sin embargo, no generan ningún tipo de obligación internacional, estando orientadas a establecer pautas o directrices para el posterior desarrollo de la legislación laboral en los Estados miembros.

España es uno de los Estados que más convenios de la OIT ha ratificado, siendo de máxima importancia el *Convenio 155, sobre Seguridad y Salud de los Trabajadores y Medio Ambiente de Trabajo,* adoptado con fecha 22 de junio de 1981. En la misma fecha se adoptó la Recomendación 164, sobre Seguridad y Salud de los Trabajadores.

SABÍAS QUE...

La OIT fue fundada en 1919, después de una guerra destructiva, basada en una visión según la cual una paz duradera y universal solo puede ser alcanzada cuando está fundamentada en el trato decente de los trabajadores. La OIT se convirtió en la primera agencia de las Naciones Unidas en 1946.

La Unión Europea

A continuación, vamos a ver las instituciones básicas de la Unión Europea:

⮞ **El Consejo.** Es el principal órgano decisorio, con máximas competencias en materia legislativa y reglamentaria, excepto en los casos en que estas competencias sean compartidas con el Parlamento. Está formado por los ministros responsables de los asuntos tratados (Asuntos Exteriores, Economía, Trabajo, etc.). Cuando se reúnen los jefes de Gobierno de los Estados miembros junto con el presidente de la Comisión forman el llamado Consejo Europeo, organismo que no legisla, pero define las políticas generales de la UE.

Edificio del Consejo de la Unión Europea en Bruselas
(© Fotografía: Kiev.Victor / Shutterstock.com)

⮞ **La Comisión.** Es el órgano encargado de velar por los intereses de la Unión Europea en su conjunto, es decir, es independiente de los Gobiernos de los países miembros. Esta comisión elabora propuestas para las nuevas leyes, que presenta al Parlamento Europeo y al Consejo. También posee poder ejecutivo, ya que es la responsable de aplicar las decisiones del Parlamento y el Consejo. La Comisión se designa cada 5 años y está compuesta por comisarios elegidos de los Estados miembros, pero estos actuarán en interés de la Unión en su conjunto sin recibir instrucciones de los Gobiernos nacionales.

La Comisión tiene su sede en Bruselas (Bélgica).

Sede de la Unión Europea

- **El Parlamento Europeo.** Está compuesto por diputados elegidos por sufragio universal directo. A pesar de su nombre, el Parlamento no legisla, sino que solo puede formular dictámenes consultivos propuestos por la Comisión, así como mejorar la legislación por medio de enmiendas o aprobar, junto con el Consejo, reglamentos y directivas de determinadas materias.

El Parlamento Europeo tiene su sede en Estrasburgo (Francia).

Interior del Parlamento Europeo (© Fotografía: Drop of Light / Shutterstock.com)

⮞ **El Tribunal de Justicia.** Le corresponde el ejercicio del poder judicial, velando por la uniformidad de la interpretación y la aplicación del derecho comunitario, y supervisando la legalidad de las actuaciones de las demás instituciones europeas.
El Tribunal de Justicia tiene su sede en Luxemburgo.

Tribunal de Justicia de la Unión Europea
(© Fotografía: Christian Mueller / Shutterstock.com)

El 1 de enero de 1986, España entra a formar parte de la entonces llamada **Comunidad Económica Europea.** La primera gran reforma de los tratados fue el Acta Única Europea de 1986, en la que se da un nuevo impulso a las políticas comunes, resaltando la dimensión social especialmente en dos nuevos artículos relativos a política social y al mercado interior:

⮞ Art. 118 A. Seguridad y salud en el trabajo.
⮞ Art. 100 A. Normas de seguridad que deben seguir los productos comercializados en la Unión Europea.

Dentro de la Unión Europea existen otras instituciones con competencias en materia de seguridad y salud:

El Comité Consultivo para la Seguridad, la Higiene y la Protección de la Salud en el Centro de Trabajo
- Asiste a la Comisión en la preparación y la puesta en práctica de las actividades que se realicen en este ámbito.

La Agencia Europea para la Seguridad y Salud en el Trabajo
- Con sede en Bilbao, se crea para recoger toda la información técnica, científica y económica sobre la investigación relativa a la salud y la seguridad en el trabajo, examinarla y difundirla a través de una red formada por centros nacionales de referencia, siendo el de España el Instituto Nacional de Seguridad e Higiene en el Trabajo.

La Fundación Europea para la Mejora de las Condiciones de Vida y de Trabajo (EUROFOUND)
- Es un organismo autónomo con sede en Dublín, cuya misión es la recogida, el análisis, el debate y la difusión de la información relativa a las condiciones de vida y trabajo.

Logotipo de la Fundación Europea para la Mejora de las Condiciones de Vida y de Trabajo (EUROFOUND)

2.2. Organismos nacionales

A continuación, se explica de manera general el funcionamiento de diferentes organismos nacionales.

Instituto Nacional de Seguridad y Salud en el Trabajo (INSST)

Es el órgano científico-técnico especializado de la Administración General del Estado que tiene como misión el análisis y el estudio de las condiciones de seguridad y salud en el trabajo, así como la promoción y el apoyo a la mejora de estas. Para ello, establecerá la cooperación necesaria con los órganos de las comunidades autónomas con competencias en esta materia.

Logotipo del Instituto Nacional de Seguridad y Salud en el Trabajo

Algunas de las **funciones** que tiene que realizar el INSST son las que se destacan a continuación:

- Promoción y realización de actividades de formación, información, investigación, estudio y divulgación en materia de prevención de riesgos laborales, con la adecuada coordinación y colaboración con los órganos técnicos en materia preventiva de las comunidades autónomas.
- Apoyo técnico y colaboración con la Inspección de Trabajo y Seguridad Social en el cumplimiento de su función de vigilancia y control.
- Velar por la coordinación, además de apoyar el intercambio de información y experiencias entre las distintas Administraciones públicas.
- Fomentar y prestar apoyo a la realización de actividades de promoción de la seguridad y de la salud por las comunidades autónomas.
- Prestar, de acuerdo con las Administraciones competentes, apoyo técnico especializado en materia de certificación, ensayo y acreditación.
- Cualesquiera otras que sean necesarias para el cumplimiento de sus fines y le sean encomendadas en el ámbito de sus competencias, de acuerdo con la Comisión Nacional de Seguridad y Salud en el Trabajo y con la colaboración, en su caso, de los órganos técnicos de las comunidades autónomas con competencias en la materia.

Los **órganos** que forman el INSST son:

- La Dirección del INSST, que a su vez ejerce la Secretaría de la Comisión Nacional de Seguridad y Salud en el Trabajo.
- El Consejo General, en el que están representadas las organizaciones sindicales y empresariales y la Administración pública. Es el órgano participativo en la gestión del INSST.
- El INSST desarrolla su actividad técnica en diferentes sedes a nivel nacional:

  - Los Servicios Centrales (SS. CC.) en Madrid.
  - Los cuatro Centros Nacionales (CC. NN.):

    - Centro Nacional de Condiciones de Trabajo (CNCT) en Barcelona.
    - Centro Nacional de Medios de Protección (CNMP) en Sevilla.

- Centro Nacional de Nuevas Tecnologías (CNNT) en Madrid.
- Centro Nacional de Verificación de Maquinaria (CNVM) en Bizkaia.

- Los gabinetes provinciales de Ceuta y Melilla.

La Inspección de Trabajo y Seguridad Social

La **Inspección de Trabajo y Seguridad Social** es un servicio público cuya función es ejercer la vigilancia del cumplimiento de las normas de orden social y exigir las responsabilidades correspondientes en caso de infracción o incumplimiento. Para ello, debe:

Asegurar
- Que se respetan las condiciones de trabajo, proponiendo a la autoridad competente la sanción correspondiente cuando compruebe una infracción.

Asesorar e informar
- A las empresas y a los trabajadores sobre la manera más efectiva de cumplir las disposiciones, cuya vigilancia tiene encomendada.

Elaborar
- Los informes solicitados por los juzgados de lo social.

Informar
- A la autoridad laboral sobre los accidentes de trabajos mortales, muy graves o graves, y sobre aquellos otros que consideren necesarios, además de las enfermedades profesionales.

Comprobar
- Y favorecer el cumplimiento de las obligaciones por los servicios de prevención.

Ordenar
- La paralización inmediata de los trabajos cuando, a juicio del inspector, se advierta la existencia de riesgo grave e inminente para la seguridad y la salud de los trabajadores.

Administraciones públicas competentes en materia sanitaria

Las actuaciones de las Administraciones públicas competentes en materia sanitaria, referentes a la salud laboral, se llevarán a cabo a través de los aspectos señalados en el capítulo IV del Título I de la Ley 14/1986, de 25 de abril, General de Sanidad. En particular, a las Administraciones públicas competentes en materia sanitaria les corresponde:

Establecer
- El establecimiento de medios adecuados para la evaluación y el control de las actuaciones de carácter sanitario que se realicen en las empresas por los servicios de prevención.

Implantar
- La implantación de sistemas de información adecuados que permitan la elaboración de mapas de riesgos, estudios epidemiológicos, etc.

Supervisar
- La supervisión de la formación que deba recibir el personal sanitario en materia de salud laboral.

Elaborar
- La elaboración y la divulgación de estudios, investigaciones y estadísticas relacionados con la salud de los trabajadores.

Otras Administraciones públicas relacionadas con la seguridad y la salud en el trabajo

Hay que señalar las competencias atribuidas al Ministerio de Industria, Comercio y Turismo, reguladas en la Ley de Industria, en relación con la ordenación y la seguridad industrial.

Logotipo oficial del Ministerio de Industria, Comercio y Turismo

Comisión Nacional de Seguridad y Salud en el Trabajo

Es el órgano colegiado asesor de las Administraciones públicas en la formulación de las políticas de prevención, y órgano de participación institucional en materia de seguridad y salud en el trabajo.

La Comisión estará formada por representantes de:

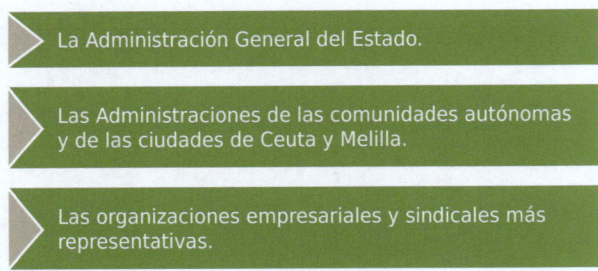

La Administración General del Estado.

Las Administraciones de las comunidades autónomas y de las ciudades de Ceuta y Melilla.

Las organizaciones empresariales y sindicales más representativas.

La Comisión conocerá, podrá informar y formular propuestas referentes a:

- Criterios y programas generales de actuación.
- Proyectos de disposiciones de carácter general.
- Coordinación de las actuaciones desarrolladas por las Administraciones públicas competentes en materia laboral, sanitaria y de industria.

 **APLICACIÓN PRÁCTICA**

La empresa Construcciones Seguras S. A., dedicada a las obras de edificación, recibe la visita de la Inspección de Trabajo tras una denuncia por parte de varios empleados. Durante la visita, los inspectores detectan que la empresa no ha evaluado los riesgos de caída en altura ni ha entregado equipos de protección adecuados a sus trabajadores.

Ante esta situación, ¿cuál es la función principal que desempeña la Inspección de Trabajo y Seguridad Social?

Continúa en página siguiente >>

<< Viene de página anterior

Solución

La Inspección de Trabajo y Seguridad Social tiene como función principal supervisar y exigir que las empresas cumplan la normativa laboral y de prevención de riesgos. En este caso actúa ante la falta de la evaluación de los riesgos de caída en altura y la ausencia de los equipos de protección, interviniendo para garantizar la seguridad de los trabajadores y corregir los incumplimientos detectados.

2.3. Organismos de carácter autonómico

La **Constitución Española, en su art. 149.1.7.º,** reserva al Estado la competencia exclusiva en materia de legislación laboral, sin perjuicio de su ejecución por los órganos de las comunidades autónomas.

Así, las autonomías que tienen transferida esta ejecución disponen de la potestad sancionadora, que se efectuará de acuerdo con su regulación propia, a propuesta de la Inspección de Trabajo y Seguridad Social.

Según lo previsto en los respectivos estatutos autonómicos, las funciones que venían desarrollando los Gabinetes Técnicos Provinciales del INSST quedan traspasadas a las comunidades autónomas. Dichos órganos reciben denominaciones distintas según la comunidad en la que se encuentren y desarrollan funciones como la investigación de accidentes, la formación y el asesoramiento técnico.

3. Organización del trabajo preventivo. Rutinas básicas

Según la **Ley 31/1995, de 8 de noviembre, de Prevención de Riesgos Laborales,** el empresario es la persona que debe llevar a cabo las actuaciones referidas a la seguridad y la salud en su centro de trabajo. Desarrollará una acción permanente de seguimiento de la actividad preventiva, con el fin de perfeccionar de manera continua las actividades de identificación, evaluación y control de los riesgos.

Entre otras cosas, el **artículo 15** de la citada Ley 31/1995 afirma que el empresario es quien aplicará las medidas que integran el deber general de prevención, con arreglo a:

- ⊃ Evaluación de los riesgos.
- ⊃ Equipos de trabajo y medios de protección individual.
- ⊃ Información, consulta y participación de los trabajadores.
- ⊃ Formación de los trabajadores.
- ⊃ Medidas de emergencia.
- ⊃ Vigilancia de la salud.
- ⊃ Documentación.
- ⊃ Coordinación de actividades empresariales.
- ⊃ Protección de trabajadores especialmente sensibles a determinados riesgos.

3.1. Obligaciones específicas del empresario

A continuación, se explican las obligaciones específicas que tiene el empresario:

- ⊃ **Evaluación de los riesgos.** El empresario realizará una evaluación de los posibles riesgos:

  - ◑ Con carácter general, con motivo de la declaración de apertura o por iniciación de un programa de acción en materia de seguridad y salud.
  - ◑ Por elección de equipos de trabajo, sustancias, acondicionamiento de lugares de trabajo, modificación de condiciones de trabajo, etc.
  - ◑ A causa de accidentes o daños para la salud.
  - ◑ Puede realizar controles periódicos de las condiciones de trabajo para detectar situaciones peligrosas.
  - ◑ Por riesgos actualizables, puede adoptar las medidas correctoras necesarias para lograr un mayor nivel de protección.

- ⊃ **Equipos de trabajo.** Respecto a los equipos de trabajo, destacamos:

  - ◑ Las máquinas, los aparatos, etc., solo pueden ser utilizados por aquellos trabajadores encargados para ello por la dirección.
  - ◑ La reparación, el mantenimiento y la conservación se efectuará por trabajadores especialmente capacitados.
  - ◑ Informar a los trabajadores sobre los riesgos inherentes al funcionamiento de los equipos, sobre dispositivos de seguridad y sobre posibles explosiones e incendios.

⊃ **Medios de protección individual.** En cuanto a los medios de protección individual, cabe decir que:

◍ Deben ser adecuados a los riesgos, sin suponer un riesgo adicional.
◍ Deben responder a las condiciones del lugar de trabajo y adaptarse al portador.
◍ Deben proporcionarse gratuitamente.
◍ Su uso será exigible.
◍ Se informará a los operarios sobre los riesgos que se pretenden proteger.

⊃ **Información, consulta y participación de los trabajadores.** El empresario debe informar a los trabajadores o a sus representantes sobre:

◍ Riesgos detectados en la empresa.
◍ Medidas de protección o prevención que se hayan adoptado.
◍ Medidas de emergencia adoptadas en materia de primeros auxilios, lucha contra incendios y evacuación de los trabajadores.

Además, el empresario tiene que consultar a los trabajadores sobre la actuación preventiva y permitir su participación y la realización de propuestas sobre seguridad y salud en el trabajo.

⊃ **Formación de los trabajadores.** El empresario tiene que asegurar la formación de los trabajadores.
La formación de los trabajadores tiene que:

◍ Ser suficiente y adecuada, tanto teórica como práctica.
◍ Realizarse en el momento de la contratación del trabajador, cualquiera que sea su modalidad contractual.
◍ Tener en cuenta el posible cambio de funciones del trabajador, la introducción de nuevas tecnologías y los cambios de equipos de trabajo.
◍ Estar dirigida al puesto de trabajo o función de cada trabajador.
◍ Proporcionarse en la jornada de trabajo.
◍ Realizarse mediante medios propios o medios ajenos concertados.
◍ Ser gratuita; que su coste no recaiga, en ningún caso, en los trabajadores.

⊃ **Medidas de emergencia.** En materia de medidas de emergencia, el empresario debe:

◍ Analizar las posibles situaciones de emergencia.
◍ Adoptar las medidas necesarias en primeros auxilios, lucha contra incendios y evacuación de trabajadores, estableciendo las relaciones necesarias con servicios externos.

◑ Designar los trabajadores que deben poner en práctica tales medidas.
◑ Facilitar el material adecuado.
◑ Formar a los trabajadores designados en número suficiente.
◑ Informar lo antes posible a los trabajadores que estén expuestos a un riesgo grave, resaltar su naturaleza y activar las medidas adoptadas o que deben adoptarse.
◑ Poner en práctica las medidas necesarias para que dichos trabajadores puedan interrumpir el trabajo y ponerse a salvo, abandonando inmediatamente sus puestos de trabajo.

➲ **Vigilancia de la salud.** Respecto a la vigilancia de la salud, el empresario debe:

◑ Garantizar a sus trabajadores la vigilancia periódica de su salud, en función de los riesgos inherentes al trabajo.
◑ Informar a los trabajadores de que para evaluar su salud es necesario su consentimiento, salvo determinadas excepciones.
◑ Asegurar que los resultados de los reconocimientos médicos sean confidenciales y que causarán las menores molestias posibles.

➲ **Documentación.** El empresario debe elaborar y conservar a disposición de la autoridad laboral la documentación respecto a:

◑ Evaluación de riesgos y planificación de la acción preventiva.
◑ Medidas de protección y prevención adoptadas.
◑ Material de protección que deba utilizarse.
◑ Resultado de los controles e inspecciones periódicas.
◑ Resultado de los reconocimientos médicos y los controles de salud.
◑ Relación de accidentes de trabajo y enfermedades profesionales que hayan causado una incapacidad superior a un día de trabajo.

➲ **Protección de trabajadores especialmente sensibles a determinados riesgos.** El empresario velará por la protección de la maternidad si los resultados de la evaluación revelan riesgos para la seguridad y la salud o una posible repercusión sobre el embarazo o la lactancia, por la protección de menores y por la protección de trabajadores con discapacidades físicas, psíquicas o sensoriales.
➲ **Protección de la maternidad.** Protección de la maternidad si los resultados de la evaluación revelan riesgos para la seguridad y la salud o una posible repercusión sobre el embarazo o la lactancia. El empresario tiene el deber de:

◑ Adaptar y modificar las condiciones y el tiempo de trabajo.
◑ Suprimir el trabajo nocturno y a turnos.

◑ Realizar cambios en los puestos de trabajo cuando no sea posible la adaptación de las condiciones o el tiempo de trabajo.

➲ **Protección de menores.** Sobre la protección de menores, el empresario debe:

◑ Prohibir a los menores de 18 años realizar trabajos nocturnos y horas extraordinarias.
◑ Prohibir a los menores de 18 años realizar trabajos insalubres, tóxicos, penosos y peligrosos.
◑ Los menores tienen derecho a un descanso semanal como mínimo de 2 días ininterrumpidos.
◑ El empresario tiene el deber de evaluar sus puestos de trabajo e informar a los jóvenes o a sus padres/tutores de los posibles riesgos y las medidas adoptadas.

➲ **Protección de trabajadores con discapacidades físicas, psíquicas o sensoriales.** No serán empleados en aquellos puestos de trabajo en los que, a causa de sus características, puedan poner en peligro su seguridad o la de terceros.

La formación de los trabajadores está dirigida a fomentar y mejorar su empleabilidad.

 **IMPORTANTE**

Si el empresario no cumple con sus obligaciones frente al riesgo grave e inminente, cabe la posibilidad de paralizar la actividad por los representantes legales de los trabajadores o por decisión mayoritaria de los delegados de prevención, en caso de urgencia.

ACTIVIDAD COMPLEMENTARIA

12. Cita las obligaciones específicas del empresario en materia preventiva
atendiendo al caso y a las respuestas planteadas.

La empresa Servicios Globales S. L., con 60 trabajadores, presenta las siguientes deficiencias:

- No imparte formación preventiva a sus empleados.
- No ha establecido un plan de medidas de emergencia.
- Carece de un programa de vigilancia de la salud.
- No entrega equipos de protección individual (EPI) adecuados en algunos
  puestos.

Preguntas:

1. ¿Qué obligaciones específicas está incumpliendo el empresario según
   la Ley 31/1995?
2. ¿Qué consecuencias podría tener este incumplimiento (para la empresa
   y para los trabajadores)?
3. Propón al menos tres medidas inmediatas que debería implementar la
   empresa para corregir la situación.

4. El sistema de prevención de riesgos laborales. Evaluación, planificación y documentación (recogida, elaboración y archivo)

Un **sistema de gestión de la prevención** de riesgos laborales es la parte
del sistema general de gestión de la empresa que define la política de prevención y que incluye la estructura organizativa, las responsabilidades, los
procedimientos, los procesos y los recursos para llevar a cabo dicha política.
La integración de la gestión en la prevención tiene como fin:

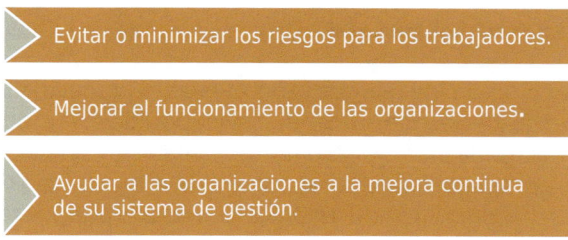

Evitar o minimizar los riesgos para los trabajadores.

Mejorar el funcionamiento de las organizaciones.

Ayudar a las organizaciones a la mejora continua de su sistema de gestión.

4.1. El sistema de prevención y el plan de prevención

La dirección de la empresa debe definir y documentar su política de prevención de riesgos laborales de forma que incluya el **compromiso de alcanzar un alto nivel de seguridad y salud en el trabajo,** cumpliendo como mínimo la legislación vigente en esta materia y basándose en el principio de la mejora continua de la acción preventiva. Asimismo, debe garantizar la participación y la información de todos los trabajadores, su formación y actualización periódica, de acuerdo con el progreso técnico.

Responsabilidades

La dirección de la empresa debe definir las responsabilidades del personal que gestiona la prevención, a fin de:

Procurar
- Los medios materiales y humanos necesarios para la implantación del sistema.

Establecer
- Las medidas de orden interno para garantizar el funcionamiento del sistema.

Designar
- A los miembros del equipo directivo con autoridad suficiente para asegurar que se cumplan los objetivos del sistema de prevención.

Establecer y mantener
- Actualizados los procedimientos para la obtención de una comunicación eficaz para el cumplimiento y el desarrollo de la política de prevención de riesgos laborales.

4.2. Evaluación de los riesgos

La **evaluación de los riesgos laborales** es el proceso dirigido a estimar la magnitud de los riesgos que no se hayan podido evitar, obteniendo la información necesaria para que el empresario esté en condiciones de tomar una decisión apropiada sobre la necesidad de adoptar medidas preventivas y, en tal caso, sobre el tipo de medidas que deben adoptarse.

La evaluación debe servir para identificar los elementos peligrosos, los trabajadores expuestos y la magnitud de los riesgos, debiendo documentar todo el proceso de evaluación.

Hay que evaluar los riesgos presentes en cada puesto de trabajo, teniendo en cuenta:

- Las características de los locales.
- Las instalaciones.
- Los equipos de trabajo existentes.
- Los agentes químicos, físicos y biológicos presentes o empleados en el trabajo.
- La propia organización y ordenación del trabajo en la medida en que influyan en la magnitud de los riesgos.
- Que se considere la posibilidad de que el trabajador que ocupe ese puesto de trabajo sea especialmente sensible a ciertas condiciones, sea por sus características personales, su estado biológico, etc.

La evaluación de los riesgos que no hayan podido evitarse deberá extenderse a cada uno de los puestos de trabajo de la empresa donde concurran dichos riesgos. Estos puestos deben **analizarse o revisarse:**

- Al inicio de la actividad.
- Cuando se empleen nuevos equipos, tecnologías, preparados o sustancias, o cuando se modifique el acondicionamiento de los lugares de trabajo.
- En el momento que cambien las condiciones de trabajo.
- Siempre que se incorpore un trabajador especialmente sensible.
- Cuando se hayan detectado daños a la salud de los trabajadores.
- En el momento que se detecte que las actividades de prevención son inadecuadas o insuficientes.
- Cuando se conozcan nuevas informaciones técnicas o epidemiológicas que afecten a la valoración de la magnitud de los riesgos o sus consecuencias.
- Siempre que lo establezca una disposición específica.

Dependiendo de la complejidad y de la organización de los recursos preventivos de la empresa, la evaluación puede realizarla, siempre que esté capacitado:

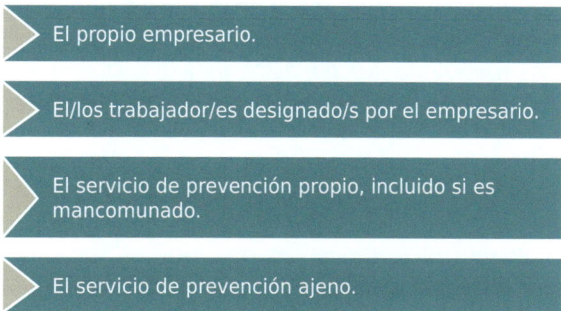

El propio empresario.

El/los trabajador/es designado/s por el empresario.

El servicio de prevención propio, incluido si es mancomunado.

El servicio de prevención ajeno.

Los **requisitos** que tienen que cumplir, en cuanto a **capacitación y formación,** quienes realicen evaluaciones de riesgos no son siempre los mismos, ya que, según la complejidad de dichas evaluaciones, se considerarán estas como funciones de nivel básico, intermedio o superior. Los requisitos que tienen que cumplir quienes lleven a cabo dichas funciones quedan establecidos en el Real Decreto 39/1997, en parte sustituido por el Real Decreto 604/2006, por el que se aprueba el Reglamento de los Servicios de Prevención.

4.3. Planificación de la prevención y la ejecución de la actividad preventiva

Cuando el resultado de la evaluación pusiera de manifiesto situaciones de riesgo, el empresario debe planificar y ejecutar la actividad preventiva con el objetivo de eliminar, controlar o reducir dichos riesgos, conforme a un orden de prioridades en función de la magnitud y el número de trabajadores expuestos a ellos. Las acciones que debe realizar el empresario, atendiendo a la fase en la que se encuentre el desarrollo de la actividad preventiva, son:

⊃ **Planificación.** La planificación de la actividad preventiva incluirá, en todo caso:

   ◡ Los medios humanos y materiales necesarios.
   ◡ La asignación de los recursos económicos precisos para la consecución de los objetivos propuestos.

◑ El período de ejecución de las medidas previstas. En el caso de que el período en que se desarrolle la actividad preventiva sea superior a un año, deberá establecerse un programa anual de actividades.

◑ Las prioridades para llevar a cabo las actividades preventivas en función de la magnitud de los riesgos y del número de trabajadores expuestos a estos.

◑ Los procedimientos previstos para el seguimiento y el control periódicos de las actividades preventivas planificadas.

➲ **Ejecución.** Por su parte, la ejecución de las actividades preventivas conllevará la realización de acciones como las siguientes:

◑ Establecer procedimientos para que en todas las actividades y las decisiones de la empresa, tanto las de carácter técnico (incluida la elección de equipos) como organizativo, se consideren y controlen las repercusiones sobre la salud y la seguridad de los trabajadores.

◑ Instruir a todas las personas con responsabilidad jerárquica en la empresa sobre la obligación de incorporar la prevención de riesgos a toda actividad que realicen u ordenen.

◑ Determinar qué medidas de seguimiento y control preventivo hay que efectuar.

◑ Prever las medidas de vigilancia de la salud de los trabajadores.

◑ Planificar las acciones que tomar ante posibles situaciones de emergencia.

◑ Diseñar la formación y establecer los procedimientos de información para los trabajadores y sus representantes.

◑ Establecer cauces de cooperación y coordinación con los demás empresarios que trabajen en el mismo lugar, a fin de asegurar el cumplimiento de la legislación; de la misma manera, con las empresas de trabajo temporal cuando utilicen sus servicios de puesta a disposición de trabajadores.

◑ Informar, facilitar y vigilar el cumplimiento de las obligaciones por parte de otros empresarios que contrate o subcontrate para realizar actividades en su centro de trabajo.

◑ Asegurarse de que la maquinaria, los equipos, los productos, las materias primas y los útiles que se faciliten a otros empresarios no constituyan una fuente de peligro para los trabajadores que los utilicen.

◑ Establecer procedimientos para elaborar y conservar la documentación resultante de las actividades y las medidas preventivas.

◑ Asegurar y adaptar las medidas preventivas a circunstancias especiales, como mujeres embarazadas o con parto reciente, jóvenes menores de 18 años, trabajadores temporales, trabajadores especialmente sensibles a determinados riesgos, etc.

◑ Consultar a los trabajadores y a sus representantes antes de poner en práctica cualquier medida que pueda afectar al nivel de protección de la salud y la seguridad. En particular, las relativas a:

- ⇕ La planificación y la organización del trabajo.
- ⇕ La introducción de nuevas tecnologías.
- ⇕ La organización de las actividades preventivas.
- ⇕ La designación de los trabajadores encargados de las medidas de emergencia.
- ⇕ Los procedimientos para suministrar información y permitir el acceso a la documentación.
- ⇕ La organización de la formación.
- ⇕ Determinar los puestos de trabajo sin riesgo para ser ocupados por trabajadoras embarazadas.
- ⇕ Determinar las excepciones al carácter voluntario de los reconocimientos médicos.

◑ Establecer canales para recibir las propuestas y las sugerencias de los trabajadores y sus representantes.
◑ Facilitar a los representantes de los trabajadores los medios y el tiempo establecido para el ejercicio de sus funciones.
◑ Cualquier otra acción que pueda tener efectos sustanciales sobre la seguridad y la salud de los trabajadores.

En general, serán objeto de planificación las medidas de prevención y protección que adoptar, y, en particular, las **medidas de emergencia y la vigilancia de la salud,** así como **la información y la formación de los trabajadores** en materia preventiva.

El empresario realizará un seguimiento permanente de la actividad preventiva, con el fin de perfeccionar de manera continua las actividades de identificación, evaluación y control de riesgos.

4.4. Documentación

Al igual que otros sistemas de gestión, el sistema de prevención de riesgos laborales debe estar correctamente documentado.

En el **artículo 23 de la Ley de Prevención de Riesgos Laborales,** modificado por la Ley 54/2003, se establece la documentación mínima que toda empresa debe elaborar y conservar a disposición de la autoridad laboral.

Esta documentación debe aparecer en el plan de prevención de riesgos laborales, incluyendo la descripción del sistema que implantar y las actividades para lograrlo: estructura organizativa, responsabilidades, funciones, prácticas, procedimientos, procesos y recursos necesarios para realizar la acción preventiva.

Según el mencionado **art. 23 de la LPRL,** la **documentación** genérica **exigible** legalmente es la siguiente:

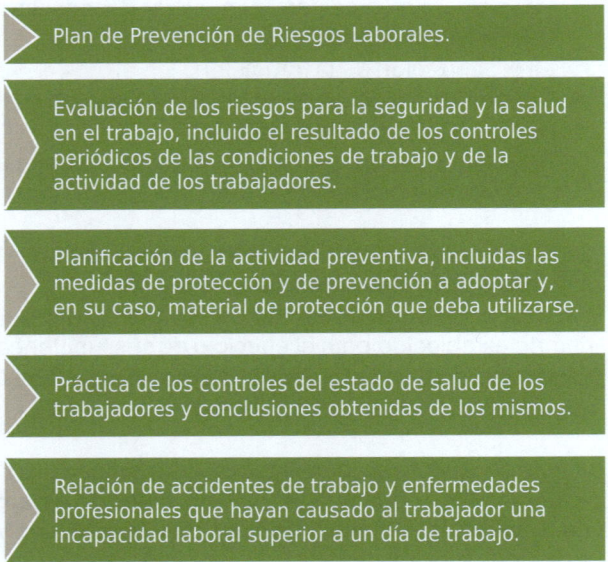

Plan de Prevención de Riesgos Laborales.

Evaluación de los riesgos para la seguridad y la salud en el trabajo, incluido el resultado de los controles periódicos de las condiciones de trabajo y de la actividad de los trabajadores.

Planificación de la actividad preventiva, incluidas las medidas de protección y de prevención a adoptar y, en su caso, material de protección que deba utilizarse.

Práctica de los controles del estado de salud de los trabajadores y conclusiones obtenidas de los mismos.

Relación de accidentes de trabajo y enfermedades profesionales que hayan causado al trabajador una incapacidad laboral superior a un día de trabajo.

La estructura del sistema documental debe basarse en los siguientes niveles:

➲ **Manual de prevención.** Donde se describe la política, el sistema de gestión de la prevención de riesgos laborales, la organización preventiva y una síntesis de las principales actividades.
En él se establece la política de prevención y se describe el tipo de sistema de gestión de prevención elegido en la empresa. Este manual, además de elaborarse y mantenerse actualizado en soporte papel o informático, contendrá:

  ◑ La descripción de la empresa.
  ◑ Su política de prevención.

‣ Las funciones y las responsabilidades de todos los trabajadores dedicados a la prevención, incluida la Dirección.
‣ Descripción de las interrelaciones de los elementos del sistema.
‣ Los demás aspectos que se crean necesarios.

➲ **Procedimientos del sistema de gestión.** Donde se describen las distintas actividades del sistema de gestión, indicando su objetivo y su alcance, qué hay que hacer, quién es el responsable de hacerlo y qué registros hay que cumplimentar para evidenciar lo realizado.
Se trata de las técnicas y los instrumentos utilizados para organizar y diseñar mecanismos dirigidos al cumplimiento estructurado y sistemático de todos los requisitos establecidos en el plan de prevención. Mediante un conjunto de elementos interrelacionados o interactivos se establecen unas directrices y objetivos en prevención de riesgos laborales.
Más concretamente, mediante los procedimientos del sistema de gestión se trata de especificar qué hay que hacer, quién es el responsable de hacerlo y qué registros hay que cumplimentar para evidenciar los resultados obtenidos en materia de prevención de riesgos.

➲ **Registros.** Donde se recogen los resultados de las actividades preventivas.
Son documentos que proporcionan información cuya veracidad puede demostrarse, ya que está basada en la observación, la medición, el ensayo u otros medios de donde procedan los resultados obtenidos en materia de prevención de riesgos laborales.
Estos documentos deberán contener datos para:

‣ Demostrar la conformidad con los requisitos del sistema de prevención.
‣ Registrar hasta qué punto se han cumplido los objetivos.
‣ Elaborar y conservar a disposición de la autoridad laboral la documentación.
‣ Conocer los resultados de auditorías y revisiones.

Todos los registros deben ser legibles e identificables con cada actividad desarrollada. Los registros de prevención deben almacenarse y mantenerse actualizados para poderlos recuperar cuando se necesite. Además, deben protegerse contra posibles daños, deterioros o pérdidas, estableciendo y registrando su período de retención para que puedan ser evaluados.
La empresa debe establecer y mantener al día procedimientos para controlar todos los documentos citados anteriormente, a fin de asegurar que:

‣ Han sido examinados y aprobados por los responsables antes de su primera edición.
‣ Pueden identificarse adecuadamente dentro de la organización.

- Son examinados y revisados periódicamente.
- Estén disponibles cuando se necesiten.

SABÍAS QUE...

Los registros son documentos transitorios, mientras que el manual y los procedimientos son documentos intemporales, ya que el contenido y los objetivos son generales, siendo vigentes desde su última actualización.

El procedimiento de elaboración de la documentación ha de contemplar las siguientes etapas:

Elaboración
- Se elegirá al responsable de la elaboración, siempre en función del tipo de documento, contenido y área de la empresa a la que afecte. Los documentos se nombrarán mediante código en los que figurará el autor y la fecha de realización.

Codificación
- Los documentos se codificarán para poder ser identificados. Es muy útil la utilización de hojas impresas o fotocopiadas unidas por anillas, pudiendo reemplazar fácilmente las hojas obsoletas tras una revisión.

Revisión
- Una vez elaborado el documento debe ser revisado indicando en el documento la fecha, el número y el responsable de la revisión. Es recomendable que los representantes de los trabajadores revisen los procedimientos antes que su aprobación.

Aprobación
- El documento será aprobado por un responsable autorizado, preferentemente la Dirección de la empresa.

Continúa en página siguiente >>

<< Viene de página anterior

Distribución
- La documentación estará disponible en aquellos lugares donde sea necesaria su utilización.

Revisión y actualización
- Cada vez que se produzcan cambios o modificaciones del sistema, hay que tener en cuenta la necesidad o no de actualizar la documentación.

5. Gestión de la prevención de riesgos laborales

En función de las características de la empresa y las actividades que desarrolla, el empresario puede optar por alguna de las siguientes **modalidades de organización** de los recursos necesarios para el desarrollo de las actividades preventivas:

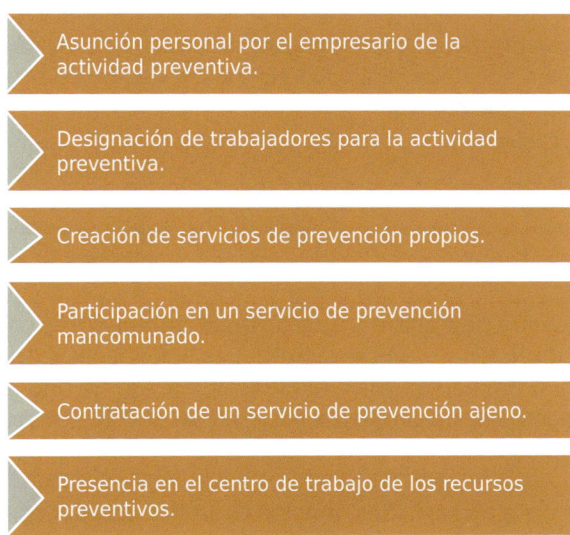

Asunción personal por el empresario de la actividad preventiva.

Designación de trabajadores para la actividad preventiva.

Creación de servicios de prevención propios.

Participación en un servicio de prevención mancomunado.

Contratación de un servicio de prevención ajeno.

Presencia en el centro de trabajo de los recursos preventivos.

5.1. Asunción personal por el empresario de la actividad preventiva

El empresario podrá desarrollar **personalmente** la actividad de prevención, con excepción de las actividades relativas a la vigilancia de la salud de los trabajadores, si se cumplen las siguientes condiciones:

⮞ Cuando se trate de empresas de hasta diez trabajadores o que, tratándose de empresas de hasta veinticinco trabajadores, cuenten con un único centro de trabajo.

⮞ Siempre que las actividades desarrolladas en la empresa no estén consideradas de riesgo especial (anexo I del Reglamento de los Servicios de Prevención).

⮞ Cuando de forma habitual se desarrolle su actividad profesional en el centro de trabajo.

⮞ Siempre que tenga la capacidad suficiente para llevar a cabo las funciones preventivas que va a desarrollar, de acuerdo con la regulación establecida.

 IMPORTANTE

Aquellas actividades preventivas no asumidas personalmente por el empresario tienen que llevarse a cabo por alguna de las restantes modalidades de organización preventiva.

5.2. Designación de trabajadores para la actividad preventiva

El empresario **designará a uno o varios trabajadores** para ocuparse de la actividad preventiva en la empresa. Las actividades preventivas para cuya realización no resulte suficiente la designación de uno o varios trabajadores, deberán ser desarrolladas a través de uno o más servicios de prevención propios o ajenos.

No será obligatoria la designación de trabajadores cuando el empresario:

⮞ Haya asumido personalmente la actividad preventiva.
⮞ Haya constituido un servicio de prevención propio.
⮞ Haya recurrido a un servicio de prevención ajeno.

Las **características** son las siguientes:

● El número de trabajadores designados, así como los medios que el empresario ponga a su disposición y el tiempo de que dispongan para el desempeño de su actividad, deberán ser los necesarios para desarrollar adecuadamente sus funciones.
● Para el desarrollo de la actividad preventiva, los trabajadores designados deben tener suficiente capacidad para desempeñar las funciones previstas.

5.3. Servicio de prevención propio

El empresario deberá constituir un **servicio de prevención propio** cuando concurra alguno de los siguientes supuestos:

> Que se trate de empresas que cuenten con más de 500 trabajadores.

> Que, tratándose de empresas de entre 250 y 500 trabajadores, desarrollen alguna de las actividades consideradas de riesgo especial (anexo I del Reglamento de los Servicios de Prevención).

> Que, tratándose de empresas no incluidas en los apartados anteriores, así lo decida la autoridad laboral, previo informe de la Inspección de Trabajo y Seguridad Social y, en su caso, de los órganos técnicos en materia preventiva de las comunidades autónomas, salvo que se opte por el concierto de una entidad especializada ajena a la empresa.

5.4. Servicios de prevención mancomunados

Se podrán constituir estos servicios de prevención:

● Entre empresas que desarrollen simultáneamente actividades en un mismo centro de trabajo, edificio o centro comercial, siempre que quede garantizada la operatividad y eficacia del servicio.

⮕ Entre empresas pertenecientes a un mismo sector productivo o grupo empresarial, o que desarrollen sus actividades en un polígono industrial o un área geográfica limitada, cuando así se establezca en la negociación colectiva o mediante acuerdos entre las organizaciones de trabajadores y empresarios sobre esta materia (acuerdos interprofesionales) o, en su defecto, por decisión de las empresas afectadas.

Entre las **características** podemos distinguir las siguientes:

⮕ Las empresas afectadas antes del acuerdo de constitución tienen que consultar a los representantes de los trabajadores.
⮕ Su actividad preventiva se limitará a las empresas participantes.
⮕ Estos servicios, posean o no personalidad jurídica diferenciada, tendrán la consideración de servicios propios de las empresas que los constituyan y han de contar con los medios exigidos para aquellos.
⮕ El servicio de prevención mancomunado debe tener, a disposición de la autoridad laboral, la información relativa a las empresas que lo constituyen y el grado de participación de estas.

5.5. Servicios de prevención ajenos

El empresario deberá recurrir a uno o varios **servicios de prevención ajenos** cuando concurra alguna de las siguientes circunstancias:

1. Que la designación de uno o varios trabajadores sea insuficiente para la realización de la actividad de prevención y no concurran circunstancias que determinen la obligación de constituir un servicio de prevención propio.
2. Que se trate de empresas que, no estando obligadas a contar con un servicio de prevención propio, dada la peligrosidad de la actividad desarrollada o la gravedad de la siniestralidad en la empresa, la autoridad laboral decida el establecimiento de un servicio de prevención, pudiendo, en tal caso, optar la empresa por el concierto con una empresa especializada.
3. Para la realización de aquellas actividades preventivas que no sean asumidas a través del servicio de prevención propio y, en particular, para garantizar, en el caso de que el propio empresario asuma la actividad preventiva, la realización de la vigilancia de la salud.

Las entidades que quieran actuar como servicios de prevención ajenos deberán, entre otros requisitos:

⊃ Obtener la aprobación de la Administración sanitaria en cuanto a los aspectos relacionados con la salud.
⊃ Obtener de la Administración laboral la correspondiente acreditación.
⊃ Disponer de la organización, las instalaciones, el personal y los equipos necesarios para el desempeño de su actividad. Estas entidades deberán disponer como mínimo de:

    ◑ Personal que cuente con la cualificación necesaria para el desempeño de las funciones de nivel superior.
    ◑ Personal necesario que tenga la capacitación requerida para el desarrollo de las funciones de los niveles básico e intermedio, en función de las características de las empresas cubiertas por el servicio.
    ◑ Instalaciones e instrumentación necesarias para la realización de pruebas, reconocimientos, mediciones, análisis y evaluaciones habituales en la práctica de las especialidades, de acuerdo con las características de las empresas, así como para el desarrollo de las actividades formativas y divulgativas básicas.
    ◑ No mantener con las empresas concertadas vinculaciones comerciales, financieras o de cualquier otro tipo distintas a las propias de su actuación como servicio de prevención que puedan afectar a su independencia e influir en el resultado de sus actividades.
    ◑ Constituir una garantía que cubra su eventual responsabilidad.

6. Representación de los trabajadores

En el marco de la **Ley 31/1995, de Prevención de Riesgos Laborales**, la **representación de los trabajadores** desempeña un papel clave para garantizar que se cumplan las obligaciones en materia de seguridad y salud laboral. A continuación, se resumen los puntos más relevantes relacionados con esta figura.

6.1. Representación de los trabajadores en materia preventiva

La ley reconoce el derecho de los trabajadores a participar en las cuestiones relacionadas con la prevención de riesgos laborales a través de sus representantes legales. Esta participación se puede dar de dos formas:

⊃ Delegados de prevención.
⊃ Comité de seguridad y salud.

Delegados de prevención

Son los **representantes de los trabajadores** con funciones específicas en materia de prevención de riesgos laborales, designados por y entre los representantes del personal.

Dependiendo del tamaño de la plantilla de la empresa, varía el número de estos:

- De 6 a 49 trabajadores: 1 delegado de prevención.
- De 50 a 100: 2 delegados.
- De 101 a 500: 3 delegados.
- Y así sucesivamente.

Sus funciones principales son:

- Colaborar con la dirección en la mejora de la acción preventiva.
- Promover y fomentar la cooperación del personal en la implementación de medidas preventivas.
- Ser consultados previamente por el empresario en decisiones que afecten a la seguridad y la salud.
- Tener acceso a la información y la documentación en materia de riesgos.
- Realizar visitas a los lugares de trabajo y entrevistas con los trabajadores.
- Acompañar a los técnicos en evaluaciones y visitas de inspección.
- Proponer acciones preventivas y medidas correctoras.

IMPORTANTE

Disponen de las mismas garantías que los representantes legales de los trabajadores: protección frente a represalias, prioridad de permanencia, crédito horario retribuido, etc.

Comité de seguridad y salud (CSS)

El comité de seguridad y salud es obligatorio en empresas o centros de trabajo con 50 o más personas trabajadoras.

IMPORTANTE

El comité de seguridad y salud está formado por igual número de representantes del empresario y delegados de prevención.

Es un órgano paritario y colegiado de participación, cuyas funciones son:

Participar
- En la elaboración, la puesta en práctica y la evaluación de los planes de prevención.

Promover
- Iniciativas para mejorar los niveles de protección de la seguridad y la salud en la empresa.

Conocer
- Los resultados de la evaluación de riesgos, la planificación preventiva, la formación, la vigilancia de la salud, etc.

NOTA

El empresario está obligado a consultar a los trabajadores, a través de sus representantes, sobre:

- La planificación y la organización de la prevención.
- La designación de trabajadores encargados de actividades preventivas.
- La elección de los servicios de prevención.
- La introducción de nuevas tecnologías con implicaciones en la salud laboral.

La participación de los trabajadores, a través de los delegados de prevención y del comité de seguridad y salud, **garantiza una vigilancia activa y permanente del cumplimiento de la normativa preventiva,** fomenta la mejora continua y asegura un entorno de trabajo más seguro y saludable.

7. Coordinación de actividades empresariales

En un mismo centro de trabajo, las distintas empresas tienen la obligación de cooperar para coordinar la acción preventiva; esta podrá ser desarrollada por los siguientes perfiles:

El empresario titular

El empresario titular del centro de trabajo tiene la obligación de informar e instruir a los otros empresarios sobre los riesgos detectados y sobre las medidas de protección y prevención correspondientes.

La empresa principal

La empresa principal tiene la obligación de vigilar que los contratistas y los subcontratistas cumplan la normativa sobre prevención de riesgos laborales, siempre que la contrata o subcontrata se refiera a la realización de obras o servicios que correspondan a la propia actividad principal y que se desarrollen en los propios centros de trabajo.

Los trabajadores autónomos

Los trabajadores autónomos que desarrollen actividades en dichos centros de trabajo también tienen el deber de cooperación, información e instrucción.

8. Descripción del recurso preventivo

La reforma del marco normativo de la prevención de riesgos laborales que tuvo lugar por la **Ley 54/2003, 12 de diciembre (art. 32 bis),** supuso la incorporación al ámbito de la prevención laboral de los denominados recursos preventivos, constituidos por personal de la empresa con obligaciones concretas en materia de vigilancia del cumplimiento y de la eficacia de las medidas incluidas en el plan de seguridad y salud laboral en el trabajo, como controladores del riesgo laboral.

La presencia en el centro de trabajo de recursos preventivos del empresario **para vigilar el cumplimiento de las actividades preventivas,** cualquiera que sea la modalidad de organización de dichos recursos, será necesaria:

> Cuando los riesgos puedan verse agravados o modificados durante el desarrollo de los procesos o actividades, por la concurrencia de operaciones diversas que se desarrollan sucesiva o simultáneamente, y que hagan preciso un control específico de la correcta aplicación de los métodos de trabajo.

> Cuando se realicen actividades o procesos que reglamentariamente sean considerados como peligrosos o con riesgos especiales.

> Cuando la necesidad de dicha presencia sea requerida por la Inspección de Trabajo y Seguridad Social, si las circunstancias del caso así lo exigieran debido a las condiciones de trabajo detectadas.

La **presencia de recursos preventivos** en el centro de trabajo se considera también como uno de los medios de coordinación empresarial establecidos por la normativa en prevención de riesgos laborales. En este supuesto serán recursos preventivos pertenecientes a las empresas concurrentes y serán, en este caso, considerados encargados de la coordinación de la actividad preventiva y se deberá facilitar a los trabajadores los datos necesarios para permitirles su identificación.

 **EJEMPLO**

A título indicativo, se enumeran una serie de trabajos, operaciones y procesos en los que podrá requerirse presencia de recursos preventivos en el centro de trabajo durante su ejecución, como, por ejemplo:

Continúa en página siguiente >>

<< Viene de página anterior

- Trabajos con ascensores y montacargas.
- Aparatos de elevación distintos de los ascensores y montacargas.
- Espacios confinados, construcción y mantenimiento de edificios en lo referente a trabajos con riesgo de caída de altura, montaje, desmontaje y transformación de andamios.
- Trabajos subterráneos en pozos o galerías, en interior de túneles, de demolición o de buceo e inmersión bajo el agua.
- Aparatos y maquinaria de obra como automotores.
- Equipos de elevación de cargas y carretillas automotoras.
- Circulación de ferrocarriles con trabajos simultáneos de mantenimiento o reparación de vías.
- Electricidad en lo referente a instalaciones en tensión alta y media.
- Trabajos en construcción naval, en instalaciones frigoríficas y trabajos en caliente.
- Exposición a radiaciones ionizantes.
- En medios hiperbáricos, en cajones con aire comprimido y en atmósferas explosivas.

También cuando haya productos peligrosos que se utilicen en el trabajo, como agentes químicos, biológicos, cancerígenos, mutagénicos o tóxicos para la reproducción, trabajos con amianto y actividades peligrosas por trabajos aislados en altura o en montaña.

9. Clasificación de los organismos públicos

En un punto anterior se abordaron los principales **organismos públicos implicados en la prevención de riesgos laborales,** detallando sus funciones más relevantes y su papel dentro del sistema nacional de seguridad y salud en el trabajo. A modo de complemento, este apartado presenta una **clasificación sistemática de dichos organismos** basada en criterios funcionales y territoriales, lo que permite comprender mejor su organización y su ámbito de actuación.

9.1. Clasificación según el ámbito territorial de actuación

Una de las formas más prácticas de categorizar los organismos relacionados con la seguridad y la salud en el trabajo es atendiendo a su nivel de actuación en la estructura administrativa del Estado. Esta clasificación distingue entre los siguientes tipos de organismos:

Organismos de ámbito nacional
- Estos organismos actúan en todo el territorio del Estado y tienen, por lo general, competencias normativas, técnicas o de control. Desempeñan un papel clave en la homogeneización de criterios preventivos y en el impulso de políticas estatales. Ejemplo de ello es el Instituto Nacional de Seguridad y Salud en el Trabajo (INSST), con funciones de asesoramiento técnico-científico, o la Inspección de Trabajo y Seguridad Social (ITSS), como órgano de control y vigilancia del cumplimiento normativo.

Organismos de ámbito autonómico
- Cada comunidad autónoma cuenta con sus propios órganos y servicios en materia de prevención, con competencias transferidas para adaptar y ejecutar las políticas preventivas dentro de su territorio. Estos organismos suelen desarrollar programas específicos de promoción de la cultura preventiva y coordinación con los servicios de salud laboral. Algunos ejemplos serían los institutos autonómicos de seguridad y salud en el trabajo, cuyas funciones pueden variar ligeramente según la comunidad.

Organismos de ámbito local
- Aunque su intervención directa en prevención es más limitada, algunas administraciones locales colaboran en campañas informativas, inspecciones conjuntas o programas municipales de salud laboral, especialmente en el marco de convenios con servicios públicos de empleo o atención primaria. Su papel es especialmente relevante en sectores como obras públicas, servicios urbanos o atención comunitaria.

9.2. Clasificación según la función institucional desempeñada

Otra forma de clasificar los organismos públicos relacionados con la seguridad y la salud en el trabajo es teniendo en cuenta la **naturaleza de las funciones que ejercen** dentro del sistema preventivo. Esta clasificación permite identificar su rol específico y su contribución al conjunto del sistema; atendiendo a esta, se pueden encontrar:

- **Organismos normativos y legislativos.** Intervienen en la elaboración, la aprobación y la supervisión del marco jurídico que regula la prevención de riesgos laborales. Su actividad es esencial para el desarrollo normativo coherente y actualizado. Entre ellos destaca el Ministerio de Trabajo y Economía Social, que lidera la política nacional en esta materia.
- **Organismos técnicos y científicos.** Desarrollan estudios, metodologías, estadísticas y criterios técnicos para facilitar la prevención en el ámbito laboral. Su objetivo es fundamentar la toma de decisiones con base científica y promover la mejora continua de las condiciones de trabajo. Además del INSST, esta categoría incluye a los centros de investigación autonómicos y otras entidades especializadas.
- **Organismos de inspección y control.** Están encargados de vigilar el cumplimiento de la normativa vigente y de garantizar que los empresarios adopten las medidas preventivas necesarias. Tienen capacidad para emitir requerimientos, levantar actas y proponer sanciones. La Inspección de Trabajo y Seguridad Social es el principal organismo en este ámbito.
- **Organismos gestores y aseguradores.** Su función principal es la gestión de las prestaciones económicas derivadas de contingencias profesionales (accidentes y enfermedades laborales), así como el desarrollo de actividades preventivas financiadas por cuotas de la Seguridad Social. En este grupo se sitúan las mutuas colaboradoras con la Seguridad Social, cuya actividad se regula conforme al marco legal establecido.

 **RECUERDA**

La correcta identificación y clasificación de los organismos públicos que intervienen en la prevención de riesgos laborales permite una mejor comprensión del funcionamiento del sistema institucional preventivo en España.

10. Representación de rutinas básicas

En cualquier entorno laboral, la prevención de riesgos no debe entenderse únicamente como la aplicación de las normas o el cumplimiento de los requisitos legales, sino como un conjunto de prácticas habituales que aseguran un espacio de trabajo seguro y saludable. Estas prácticas, cuando se realizan de forma repetida y constante, se convierten en hábitos que permiten anticiparse a los riesgos y reducir la probabilidad de sufrir accidentes o enfermedades profesionales.

Las rutinas básicas preventivas refuerzan la cultura de la seguridad en la organización, fomentan la responsabilidad compartida entre los empresarios y los trabajadores, y constituyen un soporte esencial para la mejora continua de los sistemas de gestión preventiva. Una correcta implementación favorece la eficiencia en los procesos, eleva la confianza del personal y disminuye el impacto económico que provoca la siniestralidad laboral.

En este contexto, resulta fundamental comprender qué son las rutinas básicas preventivas, ya que conociendo su importancia se pueden aplicar de manera coherente y efectiva en cualquier puesto de trabajo:

⮞ **Definición de las rutinas básicas preventivas.** Las rutinas básicas preventivas son los procedimientos o conductas que se repiten de manera regular y que tienen como finalidad reducir la exposición a riesgos laborales, prevenir accidentes y enfermedades profesionales, y fomentar un entorno de trabajo seguro y saludable. Estas rutinas pueden incluir acciones como el uso sistemático de equipos de protección individual (EPI), la revisión diaria de maquinaria o herramientas, la notificación inmediata de situaciones peligrosas o la participación en simulacros de emergencia. La adopción de estas prácticas debe basarse en los resultados de la evaluación de riesgos y formar parte del plan de prevención de la empresa. Al ser interiorizadas por los trabajadores, estas rutinas se transforman en hábitos protectores que fortalecen la cultura preventiva de la organización.

⮞ **Tipología de rutinas básicas en el entorno laboral.** Las rutinas preventivas pueden clasificarse en función del momento en que se aplican o del objetivo que persiguen. Así, encontramos rutinas asociadas al inicio de la jornada laboral, como la comprobación del estado de los equipos, la verificación de la limpieza del puesto de trabajo o la colocación correcta de los EPI. Durante el desarrollo de la jornada, otras rutinas fundamentales incluyen el cumplimiento de la señalización de seguridad, la supervisión de la carga de trabajo, el mantenimiento del orden y la correcta manipulación de materiales o sustancias peligrosas. Al finalizar la jornada, pueden establecerse rutinas de cierre como el apagado seguro de máquinas, la recogida de herramientas y la notificación de incidencias. Por último, las rutinas asociadas a situaciones de emergencia —como la evacuación, el uso de extintores o la activación de alarmas— deben ser conocidas por todos los trabajadores y ejercitadas periódicamente a través de simulacros.

- **La función de los delegados de prevención.** Los delegados de prevención, tal como se establece en el artículo 35 de la Ley 31/1995, son los representantes de los trabajadores con funciones específicas en materia de prevención de riesgos laborales. Su implicación en la representación y la mejora de las rutinas preventivas es esencial. Entre sus funciones destacan la colaboración con la dirección en la mejora continua de las condiciones de trabajo, la promoción de comportamientos seguros, la detección de deficiencias en las rutinas existentes y la propuesta de nuevas acciones preventivas. Asimismo, los delegados de prevención actúan como canal de comunicación entre los trabajadores y el empresario, y participan activamente en el comité de seguridad y salud, donde se debaten y valoran modificaciones o actualizaciones en los procedimientos rutinarios de prevención.

- **Representación práctica de las rutinas preventivas.** Representar de manera clara las rutinas básicas facilita su comprensión, su correcta ejecución y su seguimiento. Estas representaciones pueden adoptar distintos formatos. Las infografías, por ejemplo, permiten visualizar de forma esquemática los pasos de una rutina, los riesgos asociados y las medidas preventivas recomendadas. Los carteles colocados en puntos estratégicos del lugar de trabajo refuerzan la memorización de las acciones preventivas. Las fichas operativas, por otro lado, recopilan de manera sintética las rutinas vinculadas a un determinado puesto de trabajo, incluyendo la frecuencia con la que deben aplicarse y los responsables de su cumplimiento. Además, las representaciones o escenificaciones prácticas permiten simular situaciones reales y entrenar respuestas adecuadas, mejorando la capacidad de actuación del trabajador ante emergencias o riesgos imprevistos.

- **Importancia de estandarizar las rutinas preventivas.** La estandarización de las rutinas garantiza la uniformidad de los comportamientos preventivos entre todos los trabajadores de la organización. Cuando las acciones están sistematizadas y claramente definidas, se reduce la posibilidad de errores, se facilita la formación de nuevos empleados y se mejora la respuesta ante incidentes. Además, contar con rutinas claras permite su evaluación objetiva y su mejora continua, elementos esenciales para lograr la excelencia en la gestión preventiva. La estandarización también actúa como una barrera frente a la improvisación o el descuido, asegurando que cada trabajador sepa exactamente cómo actuar en cada momento, y qué conductas son exigibles para preservar su integridad y la de sus compañeros.

- **Evaluación, seguimiento y mejora continua.** Las rutinas preventivas deben ser objeto de revisión periódica para asegurar su eficacia y su adaptación a posibles cambios en las condiciones de trabajo, las tecnologías empleadas o nuevos riesgos detectados. Esta evaluación puede llevarse a cabo mediante auditorías internas, observaciones sistemáticas, entrevistas con trabajadores o análisis de indicadores de siniestralidad. Los delegados de prevención juegan un papel clave en este proceso, al actuar como observadores directos y como representantes del colectivo laboral. Las mejoras derivadas de esta evaluación pueden suponer la modificación de una rutina, la incorporación de nuevas medidas o la adaptación de los materiales formativos y visuales utilizados para su comunicación.

 EJEMPLO

Al comenzar la jornada, el trabajador debe acudir al puesto equipado con los EPI correspondientes. A continuación, debe verificar que los cables y los enchufes de las herramientas no presentan daños visibles, comprobar el correcto funcionamiento del interruptor y asegurarse de que no existan condiciones de humedad o riesgo eléctrico en el entorno. En caso de detectar cualquier anomalía, debe notificarlo al responsable directo o al delegado de prevención. Este último, a su vez, puede registrar la incidencia y plantearla en el comité de seguridad y salud, promoviendo así las acciones correctivas oportunas. Este tipo de rutina no solo previene accidentes eléctricos, sino que también promueve una cultura de inspección y responsabilidad compartida.

 RECUERDA

La representación y aplicación de rutinas básicas en prevención de riesgos laborales constituye una estrategia fundamental para consolidar una cultura preventiva sólida y efectiva.

 TAREA 3

La empresa Textiles Innovadores S. A., con 45 trabajadores, carece de un plan de prevención, no ha actualizado la evaluación de riesgos, no cuenta con delegados de Prevención y ofrece información insuficiente a los empleados. Tampoco dispone de un programa regular de vigilancia de la salud.

Continúa en página siguiente >>

<< Viene de página anterior

Responde brevemente a las siguientes cuestiones:

- ¿Qué obligaciones legales incumple la empresa?
- ¿Qué modalidad preventiva podría adoptar, según su tamaño y su actividad?
- ¿Cuántos delegados de prevención corresponden y cómo se garantiza la participación de los trabajadores?
- Propón dos medidas iniciales para la planificación preventiva.
- Señala la documentación mínima que debe elaborar la empresa.

---

11. Resumen

La gestión de la prevención de los riesgos laborales es un pilar esencial para garantizar la seguridad y la salud en el trabajo. Su base se encuentra en la normativa nacional e internacional, que reconoce tanto los derechos como las obligaciones de los trabajadores y empresarios, así como la necesidad de su participación en las políticas preventivas.

En el ámbito internacional, la Organización Internacional del Trabajo (OIT) y la Unión Europea juegan un papel destacado a través de los convenios, las directivas y las recomendaciones que establecen criterios comunes en materia de seguridad laboral. En España, este marco se complementa con organismos nacionales como el Instituto Nacional de Seguridad y Salud en el Trabajo (INSST), la Inspección de Trabajo y Seguridad Social y las Administraciones sanitarias competentes, además de la Comisión Nacional de Seguridad y Salud en el Trabajo. También intervienen otros organismos autonómicos y locales, que adaptan las políticas preventivas a su territorio.

La Ley 31/1995 de Prevención de Riesgos Laborales establece que el empresario es responsable de la acción preventiva en su centro de trabajo. Sus principales obligaciones incluyen:

- ➲ Realizar la evaluación de riesgos y planificar la prevención.
- ➲ Garantizar el uso adecuado de equipos de trabajo y medios de protección individual.
- ➲ Proporcionar información, consulta y participación a los trabajadores.
- ➲ Asegurar la formación preventiva.
- ➲ Establecer medidas de emergencia y protocolos de actuación.

➲ Velar por la vigilancia de la salud y mantener la documentación preventiva actualizada.
➲ Proteger a colectivos sensibles, como trabajadoras embarazadas, menores y personas con discapacidad.

La organización preventiva en la empresa puede realizarse mediante diferentes modalidades: asunción personal por parte del empresario (en pymes de bajo riesgo), designación de trabajadores, constitución de un servicio de prevención propio o mancomunado, o bien la contratación de un servicio de prevención ajeno. En todos los casos, la ley prevé la presencia de recursos preventivos en determinadas actividades de especial riesgo o cuando así lo requiera la autoridad laboral.

La representación de los trabajadores se articula a través de los delegados de prevención y los comités de seguridad y salud, que garantizan la participación en la planificación, la ejecución y el control de las medidas preventivas. Su papel resulta esencial para fomentar la cooperación y la mejora continua de las condiciones laborales.

El sistema de gestión de la prevención incluye el plan de prevención de riesgos laborales, la evaluación de riesgos, la planificación de la actividad preventiva y la documentación obligatoria (manual de prevención, procedimientos y registros). La correcta elaboración, distribución, revisión y actualización de esta documentación asegura la trazabilidad y la eficacia de las actuaciones preventivas.

Las **rutinas básicas preventivas** son las prácticas repetidas que refuerzan la cultura preventiva: uso sistemático de EPI, revisiones diarias de herramientas, orden y limpieza, cumplimiento de señalización, comunicación de incidencias y participación en simulacros. Su estandarización, el seguimiento y la mejora continua resultan claves para consolidar un entorno laboral seguro, eficiente y saludable.

Ejercicios de autoevaluación
Unidad de Aprendizaje 3

1. Los accidentes de trabajo pueden generar costos...

    a. ... al afectado.
    b. ... a la empresa del afectado.
    c. ... a la sociedad.
    d. Todas las opciones son correctas.

2. La compensación económica a un afectado por haber sufrido un accidente se considera un coste...

    a. ... directo.
    b. ... indirecto.
    c. ... diferido.
    d. ... inferido.

3. La posibilidad de que un trabajador sufra un determinado daño derivado del trabajo es...

    a. ... un riesgo profesional.
    b. ... un factor de riesgo.
    c. ... un factor de accidente.
    d. Todas las opciones son incorrectas.

4. ¿Cuál de las siguientes opciones es un factor de riesgo?

    a. Caída a distinto nivel.
    b. Necesidad de subirse a escaleras de mano.
    c. Contacto eléctrico.
    d. Atropello por vehículos.

5. ¿Es accidente de trabajo la lesión sufrida realizando una tarea por cuenta propia?

    a. Sí, porque el trabajador por cuenta propia tiene empleador.
    b. No, porque el trabajador por cuenta propia no tiene empleador.

c. Solo en el caso de que el trabajador esté de baja como mínimo un día.

d. Solo en el caso de que el trabajador esté de baja como mínimo dos días.

6. **¿Cuál de las siguientes opciones es considerada una patología derivada del trabajo?**

a. Fatiga.
b. Estrés.
c. Insatisfacción laboral.
d. Todas las opciones son correctas.

7. **La OIT desempeña un papel fundamental en la prevención de riesgos laborales. Una de sus funciones principales es:**

a. Elaborar convenios y recomendaciones internacionales.
b. Inspeccionar empresas a nivel nacional.
c. Asignar recursos económicos a cada Estado miembro.
d. Contratar a los delegados de prevención.

8. **¿En qué año España se incorporó a la entonces Comunidad Económica Europea, integrando sus compromisos en materia de seguridad laboral?**

a. 1978.
b. 1981.
c. 1986.
d. 1992.

9. **¿Cuál es la sede de la Agencia Europea para la Seguridad y Salud en el Trabajo?**

a. Estrasburgo.
b. Luxemburgo.
c. Bilbao.
d. Bruselas.

10. **¿Cuántos delegados de prevención habrá en una empresa de 70 trabajadores?**

    a. Uno.
    b. Dos.
    c. Tres.
    d. Cuatro.

Elementos básicos de primeros auxilios

Contenido

Objetivo

El objetivo general de esta Unidad de Aprendizaje es:

→ Establecer las pautas de la prevención en las actuaciones de primeros auxilios, emergencia y evacuación.

Los objetivos específicos de esta Unidad de Aprendizaje son:

→ Reconocer los principios y las consideraciones generales de los primeros auxilios para actuar con seguridad y eficacia en la atención inicial de un accidentado.
→ Aplicar correctamente el protocolo PAS (proteger, avisar, socorrer) con el fin de garantizar una intervención ordenada y prioritaria en situaciones de emergencia.
→ Ejecutar las técnicas básicas de reanimación y de atención a emergencias médicas (RCP, control de hemorragias, tratamiento de quemaduras, fracturas, etc.) para preservar la vida y evitar el agravamiento de las lesiones hasta la llegada de los servicios sanitarios especializados.
→ Analizar la organización y el funcionamiento de los planes de emergencia, evacuación y autoprotección en el ámbito laboral para fomentar una cultura preventiva y una adecuada coordinación ante contingencias críticas.
→ Aplicar los principios de los primeros auxilios y el protocolo PAS (proteger, avisar, socorrer) en una situación realista de accidente laboral.

1. Introducción

La seguridad y la salud en el trabajo no dependen solo de la prevención de riesgos, sino también de la capacidad de respuesta inmediata ante un accidente o una situación de emergencia. Los primeros auxilios constituyen ese primer eslabón en la cadena de supervivencia, cuyo objetivo es prestar ayuda de manera rápida, eficaz y segura hasta la llegada de los servicios sanitarios especializados. Conocer las técnicas básicas y actuar con serenidad puede marcar la diferencia entre salvar una vida, evitar complicaciones graves o, por el contrario, agravar el estado del accidentado.

En este sentido, resulta esencial que todos los trabajadores reciban una formación básica en primeros auxilios y que dominen los procedimientos como el protocolo PAS (proteger, avisar, socorrer) y el protocolo CAB de reanimación cardiopulmonar (compresiones, apertura de vía aérea, boca a boca/ventilación). Además, el conocimiento del uso correcto de un DEA (desfibrilador externo automático), la actuación ante hemorragias, heridas, fracturas, quemaduras o intoxicaciones, así como el control inicial de la salud del accidentado, son competencias que permiten dar una respuesta adecuada ante cualquier contingencia en el entorno laboral.

2. Análisis primeros auxilios y salud

Se trata del conjunto de actuaciones y técnicas que permiten la actuación inmediata de un accidentado hasta la llegada de la asistencia médica oportuna, con el fin de evitar un posible empeoramiento del accidentado.

Formar al personal en primeros auxilios significa proporcionarles a los trabajadores los conocimientos más elementales para dispensar una ayuda eficaz a aquellas personas que han sufrido cualquier tipo de accidente.

2.1. Principios o consideraciones generales que tener en cuenta ante los accidentes

A continuación, vamos a ver una serie de principios o consideraciones generales que hay que tener en cuenta cuando se produzcan accidentes:

Actuar con tranquilidad
- No hay que perder los nervios para actuar de forma correcta y evitar errores irremediables. Además, de esta manera se tranquilizará al herido, hecho que se potencia al hablar con él, aunque no responda.

Evitar aglomeraciones
- Hay que impedir que el accidente se transforme en espectáculo. Además, la histeria colectiva puede entorpecer la actuación de los profesionales.
- La histeria colectiva también se conoce como histeria en masa, histeria de grupo, psicosis colectiva o comportamiento obsesivo colectivo.

Saber imponerse
- El personal preparado tiene que asumir la responsabilidad de la situación, dirigir la organización de recursos y la posterior evacuación del herido.

No desplazar ni mover al accidentado
- Como norma básica y elemental, no debe moverse a nadie que haya sufrido un accidente hasta estar seguros de que se pueden realizar movimientos que no entrañen riesgos de empeorar las lesiones ya existentes.
- No obstante, existen situaciones en las que la movilización deber ser inmediata, sobre todo, cuando las condiciones ambientales lo exijan o cuando sea necesaria la reanimación cardiopulmonar.

Hacer una composición del lugar
- Al llegar al lugar del siniestro, no se debe comenzar curando al primer herido que veamos, ya que puede haber otros en estado más grave y que, por tanto, necesiten ser atendidos en primer lugar. Por ello, se realizará un rápido examen del lugar teniendo en cuenta que puede haber heridos ocultos (debajo de escombros), posibles fuentes de peligro (amenaza de derrumbamiento, ruptura de canalizaciones de gas o de agua, fuego...), etc.

Dejar al herido acostado sobre la espalda
- Es un medio para combatir el estado de shock. No obstante, si un herido tiene la cara congestionada, hay que alzarle un poco la cabeza, inclinándola hacia un lado si vomita.

DEFINICIÓN

Shock
Es una afección potencialmente mortal que se presenta cuando el cuerpo no está recibiendo un flujo de sangre suficiente, lo cual puede causar daño en múltiples órganos.

- -

Además, es necesario:

➲ **Manejar al herido con precaución.** Jamás se cambiará de sitio al accidentado antes de cerciorarse de su estado y haber realizado los primeros auxilios.
➲ **Examinar bien al herido.** Investigar si sangra, si respira, si tiene una fractura, si presenta quemaduras, si ha perdido el conocimiento, etc. Hay que asegurarse de no haber dejado escapar nada. Se tendrá en cuenta que:

  ◑ La hemorragia y el cese de la respiración deben ser tratados antes de llevar a cabo cualquier otra acción.
  ◑ Cualquier víctima sin conocimiento habrá sufrido algún fuerte golpe en la cabeza.

➲ **No hacer más que lo indispensable.** Hay que limitarse a proporcionar aquellas medidas estrictamente necesarias para el transporte del herido. Por ello, no se intentará suplir al médico: nada de curas complicadas.
➲ **Mantener al herido caliente.** Cuando el cuerpo humano recibe una lesión, se produce la pérdida de calor corporal, acentuándose cuando se da pérdida de sangre. Por ello, todo el cuerpo debe ser calentado envolviendo al accidentado con una manta. No obstante, tampoco es bueno un calor excesivo.
➲ **Jamás hay que intentar que beba un herido sin conocimiento.** En este estado no podrá tragar y existe el peligro de ahogarlo cuando el líquido penetre en la tráquea. Si la víctima conserva el conocimiento y no presenta una herida profunda en el vientre, se le puede dar bebida, pero siempre lentamente, a pequeños sorbos.
➲ **No medicar.** Esta facultad es exclusiva del médico.
➲ **Tranquilizar al enfermo.** Calmar sus temores y levantarle el ánimo, no dejándolo ver sus heridas.

⊃ **Evacuar al herido acostado.** Lo más rápido posible, hacia el puesto de socorro u hospital; no obstante, a veces es preferible avisar al médico antes de efectuar su transporte.

⊃ **Avisar al personal sanitario.** Lo más rápido posible.

⊃ **Traslado adecuado.** Según las lesiones que presente el accidentado, la posición de espera y el traslado variarán.

 IMPORTANTE

Hay que acabar con la práctica habitual de la evacuación en coche particular, ya que si la lesión es vital, no se puede trasladar y se debe atender *in situ.* Si la lesión no es vital, se puede esperar la llegada de un vehículo debidamente acondicionado (ambulancia).

2.2. Activación del sistema de emergencia

La rápida actuación ante un accidente es esencial para que las consecuencias sean mínimas.

En el momento en que ocurra un accidente, se activará el llamado sistema de emergencia, cuyas actuaciones serán proteger, avisar y socorrer (PAS).

Proteger

Hay que asegurarse de que tanto el accidentado como la persona que lo socorre están fuera de peligro.

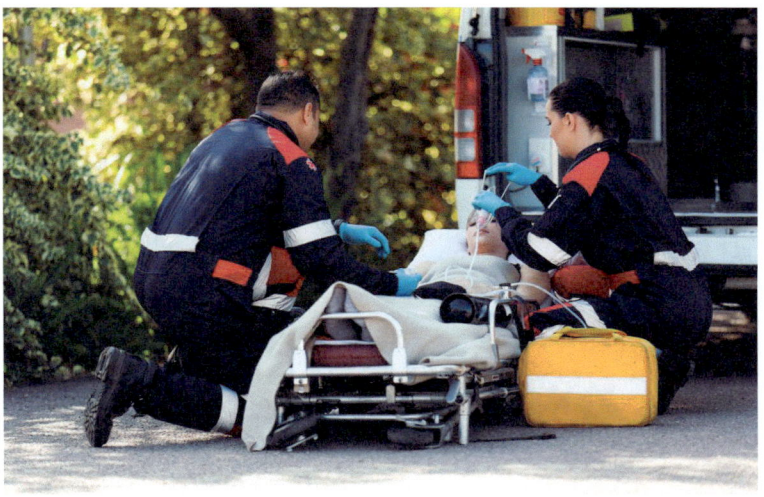

Siempre se debe proteger al accidentado.

 **EJEMPLO**

En caso de electrocución, hay que aislarse con el mayor cuidado posible. Para ello, hay que cortar la corriente eléctrica siempre que el interruptor esté cerca y, a continuación, coger un palo o un objeto de madera para apartar a la víctima de dicha corriente. Los pies se colocarán sobre firme u objeto seco y se envolverán las manos con trapos o periódicos secos.

En un ambiente tóxico, no se atenderá al intoxicado sin antes proteger nuestras vías respiratorias (uso de máscaras con filtros). De lo contrario, también nos accidentaríamos nosotros.

Avisar

Hay que avisar lo más rápido posible a los servicios sanitarios, activándose así el sistema de emergencia. Mientras tanto, se socorrerá a los accidentados siguiendo los consejos generales.

Ante un accidente siempre se ha de avisar a los servicios sanitarios.

Hay que planificar:

- Quién tiene que avisar.
- Qué mensaje y de qué manera tiene que darse.
- A quién debe darse el mensaje.

Una buena planificación de este sistema de alerta evitará complicaciones al accidentado, ya que se complicaría mucho el caso si se diese un mensaje equivocado y no se avisase a los servicios adecuados. Es importante que todos los trabajadores sepan los teléfonos referidos a:

- Ambulancia.
- Hospital de referencia.
- Mutua.
- Bomberos.
- Información toxicológica.
- Policía.
- Emergencias médicas.

_____

Socorrer

Cuando se haya protegido al personal accidentado y avisado al organismo adecuado (servicios médicos, bomberos, etc.), hay que actuar sobre el herido, reconociendo sus signos vitales.

Los pasos que seguir para realizar el reconocimiento al herido son:

○ **Estado de conciencia.** Para saber si un accidentado está consciente, se le preguntará qué ha pasado. Si contesta, se descartará la existencia de paro respiratorio. Pero el problema se agrava si no contesta, caso en el que hay que agitar muy levemente al accidentado para observar sus reacciones (gemidos, apertura de ojos, movimientos de cabeza, etc.). Si no reacciona, probablemente sea porque el accidentado esté inconsciente. En este caso, sin tocarlo, debemos comprobar su respiración.

○ **Respiración.** Acercaremos la mejilla a la boca-nariz del accidentado y, mirando hacia el pecho para ver el movimiento torácico o abdominal, se escuchará la salida del aire, además de percibir el calor del aire exhalado:

○ Si el enfermo respira, dejaremos de explorar otros signos vitales, ya que la respiración asegura que el corazón funciona correctamente. Se colocará al enfermo, siempre que no haya traumatismos que impidan la movilidad, en una posición que evite graves consecuencias si se produjese un vómito. Esta posición se denomina posición lateral de seguridad y consiste en situar al herido de lado, apoyado sobre una pierna y con la otra echada hacia delante para actuar como equilibrador. Hay que procurar que la cabeza quede de forma que permita la respiración del accidentado.

○ Si el enfermo no respira, con la mayor brevedad posible, se colocará al enfermo en posición de decúbito supino (estirado mirando hacia arriba) y, después de explorar su boca para comprobar la existencia de cuerpos extraños (dientes desprendidos u otros objetos), se abrirán las vías aéreas mediante la hiperextensión del cuello, evitando que la lengua obstruya la vía de entrada del aire.

○ Con esta maniobra a veces el enfermo vuelve a respirar. Si no es el caso, se realizará la respiración boca-boca.

○ **Pulso.** Cuando el paro respiratorio está instaurado y ya hemos procedido a iniciar el boca-boca, es necesario comprobar el funcionamiento cardíaco mediante la toma del pulso carotídeo (cuello), por ser este el último que se pierde ante una parada cardíaca y, por el contrario, el primero que se nota al activarse de nuevo el ritmo cardíaco. Si se comprueba la existencia de pulso, se seguirá practicando la respiración artificial (boca-boca sin compresiones torácicas), pero si el pulso desaparece se procederá al masaje cardíaco externo acompañado de la respiración boca-boca.

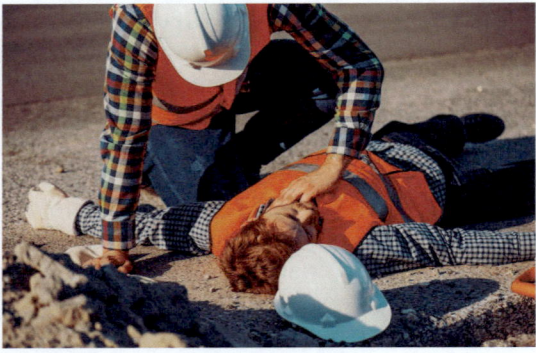

Toma del pulso carotídeo

SABÍAS QUE...

El protocolo PAS es la regla básica de actuación en los primeros auxilios y se aplica en cualquier situación de emergencia. Seguir este orden es vital: si no se protege primero, la persona rescatista puede convertirse en otra víctima; y si no se avisa a tiempo, la asistencia especializada puede retrasarse.

2.3. Personal que interviene en el sistema de emergencia

Tras analizar los pasos que seguir en el reconocimiento de un herido, hay que comentar que en el sistema de emergencia intervienen una serie de personas. Para que actúen de forma correcta, **el personal debe ser formado y entrenado adecuadamente.**

Testigos

En un accidente laboral nos podemos encontrar con testigos ordinarios, que son aquellos que no tienen ninguna formación ni preparación y que, en un momento dado, pueden incluso complicar la investigación al confundir los datos. Por ello, estos testigos no serán tenidos muy en cuenta.

También se encuentran los testigos privilegiados, que, con unos conocimientos adecuados, pueden, en un momento dado, hacer una valoración del accidente lo más objetiva posible.

Por último, tenemos los testigos profesionales, que son aquellos debidamente formados y entrenados para actuar en casos de accidentes laborales, ya que saben prestar primeros auxilios, dónde y a qué personas avisar, etc.

Estas personas serán los delegados de prevención, de personal, de seguridad, etc.

Accidente laborar con la actuación adecuada de testigos profesionales

El/la telefonista

Se trata de la persona adecuada para ponerse en contacto con los servicios de emergencia correspondientes. De ella depende la transmisión eficaz del mensaje, por lo cual se la considerará un testigo privilegiado.

Telefonista realizando una llamada para ponerse en contacto con el Servicio Sanitario

El/la socorrista

Para decidir con cuántos socorristas debemos contar, es importante tener en cuenta:

- ◗ Número de trabajadores de la empresa.
- ◗ Las dimensiones de la empresa.
- ◗ Tipo de trabajo y tareas que se realizan, así como la distribución de los trabajadores de acuerdo con las diferentes tareas.
- ◗ Riesgos existentes en la empresa. Magnitud de estos.
- ◗ Turnos de trabajo.
- ◗ La existencia de servicios médicos externos próximos a la empresa.

En cualquier caso, se deberá contar siempre con una persona formada que pueda actuar, en un primer momento, ante situaciones de emergencia.

Como medida orientativa, diremos que se ha de contar con un socorrista por cada 50 trabajadores y por turno, siempre considerando una empresa de nivel de riesgo bajo, por ejemplo, trabajos administrativos. Conforme suba el nivel de riesgo, hay que aumentar el número de socorristas en relación con la gravedad de los riesgos de la empresa.

2.4. Socorrismo laboral

El **socorrismo laboral** son los cuidados y las atenciones inmediatas que se les proporcionan a las personas que han sufrido un accidente en el ámbito laboral, al objeto de prestarles primeros auxilios, aliviarles el dolor y evitar que empeore su estado de salud.

El **socorrista laboral,** trabajador voluntario, poseerá formación en prevención de riesgos laborales, por lo que conocerá exhaustivamente los riesgos específicos de su empresa y deberá recibir periódicamente cursos de reciclaje.

La formación se dividirá en tres niveles:

Nivel básico o mínimo	- Será una formación que capacite al socorrista para atender urgencias, como pérdida de conocimiento, hemorragias, obstrucciones de vías respiratorias, paradas cardiorrespiratorias, etc.
Nivel intermedio o complementario	- Con esta formación podrá atender situaciones consideradas como urgencias médicas hasta la llegada de los servicios médicos oportunos. Estas situaciones serán quemaduras leves, fracturas, esguinces, heridas leves, luxaciones, etc.
Nivel superior o específico	- En este nivel se deberá contar con una formación muy específica en cuanto a los riesgos particulares de la empresa, de forma que la persona formada en este nivel sea capaz, por ejemplo, de actuar ante situaciones de contaminación ambiental grave, quemaduras por productos químicos, intoxicaciones graves, etc.

ACTIVIDAD COMPLEMENTARIA

13. Cita tres elementos básicos que consideres imprescindibles en un botiquín de primeros auxilios en el lugar de trabajo.

Por otro lado, ¿piensas que la formación en primeros auxilios de los trabajadores puede marcar la diferencia en una situación de emergencia? Explica por qué.

2.5. Evacuación primaria de un accidentado

La evacuación primaria de un accidentado constituye la primera acción organizada para trasladar a una persona herida desde el lugar del accidente hasta una zona segura donde pueda recibir atención inmediata. Este procedimiento debe ejecutarse con rapidez, pero también con precaución, evitando los movimientos innecesarios que puedan agravar las lesiones. En cualquier entorno laboral, donde pueden presentarse caídas, golpes, quemaduras, intoxicaciones u otros incidentes, la evacuación primaria exige coordinación, conocimientos básicos de movilización y el uso adecuado de los medios de emergencia disponibles. De este modo, se garantiza la seguridad del accidentado y la de quienes participan en la maniobra.

Se debe efectuar una evaluación primaria que consistirá en determinar aquellas situaciones en las que exista la posibilidad de pérdida de la vida de forma inmediata:

- **Introducción.** Se trata de la identificación de los signos vitales del accidentado: conciencia, respiración y pulso.
- **Estado de consciencia.** Se preguntará al accidentado por lo sucedido:

  - Si contesta, se descartará la existencia de paro respiratorio.
  - Si no responde, se le agitará levemente para que emita sonidos (sollozos, gemidos, etc.) o para que empiece a mover diferentes partes de su cuerpo.
  - Si, a pesar de todo, el accidentado sigue sin responder, significa que el herido se encuentra en estado de inconsciencia. En este caso, se comprobará si el herido respira o no, siempre sin tocar al enfermo por si este tuviera alguna lesión traumática que pudiéramos empeorar.

- **Respiración.** Acercaremos la mejilla a la boca-nariz del accidentado. Mirando hacia el pecho para ver el movimiento torácico, se escuchará la salida del aire:

  - Si el enfermo respira, quiere decir que el corazón funciona correctamente. Se colocará al enfermo en la conocida como posición lateral de seguridad. Consiste en situar al herido de lado, apoyado sobre una pierna y con la otra echada hacia delante para actuar como equilibrador, procurando que la cabeza quede de forma que permita la respiración del accidentado.
  - Si el enfermo no respira, rápidamente se colocará en posición de decúbito supino y, tras comprobar la inexistencia de cuerpos extraños en su boca, se abrirán las vías aéreas mediante la hiperextensión del cuello, evitando que la lengua obstruya la vía de entrada del aire.
  - Si el enfermo sigue sin respirar, se realizará la respiración boca a boca.

- **Pulso.** Tras comprobar el paro respiratorio, antes de iniciar el boca-boca, se comprobará el funcionamiento cardíaco mediante la toma del pulso carotídeo (cuello). Si se comprueba la existencia de pulso, se seguirá practicando la respiración artificial (boca-boca sin compresiones torácicas), pero si el pulso desaparece se procederá al masaje cardíaco externo, acompañado de la respiración boca-boca.

En este caso, la persona encargada deberá tener unos conocimientos básicos de anatomía y fisiología.

Conocimientos anatómicos básicos

¿De qué consta el cuerpo humano? Las partes del cuerpo humano son:

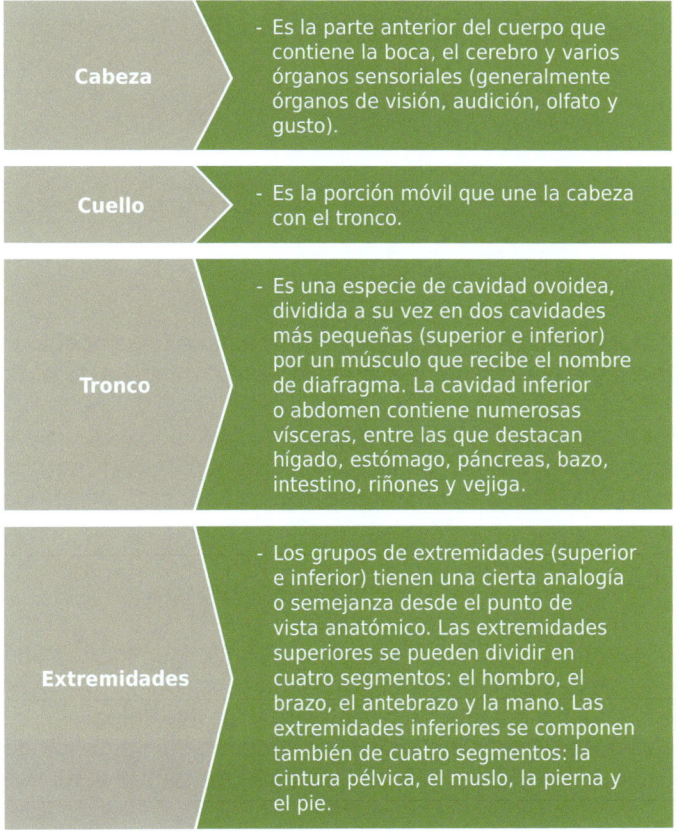

Cabeza - Es la parte anterior del cuerpo que contiene la boca, el cerebro y varios órganos sensoriales (generalmente órganos de visión, audición, olfato y gusto).

Cuello - Es la porción móvil que une la cabeza con el tronco.

Tronco - Es una especie de cavidad ovoidea, dividida a su vez en dos cavidades más pequeñas (superior e inferior) por un músculo que recibe el nombre de diafragma. La cavidad inferior o abdomen contiene numerosas vísceras, entre las que destacan hígado, estómago, páncreas, bazo, intestino, riñones y vejiga.

Extremidades - Los grupos de extremidades (superior e inferior) tienen una cierta analogía o semejanza desde el punto de vista anatómico. Las extremidades superiores se pueden dividir en cuatro segmentos: el hombro, el brazo, el antebrazo y la mano. Las extremidades inferiores se componen también de cuatro segmentos: la cintura pélvica, el muslo, la pierna y el pie.

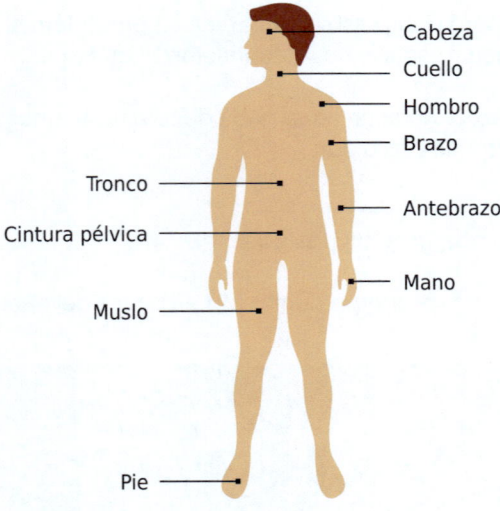

Identificación de los elementos que integran la anatomía humana

Conocimientos fisiológicos básicos

Cada uno de los órganos del cuerpo humano desempeña una función: el corazón es el órgano de la circulación, el estómago el de la digestión, etc.

Además del trabajo concreto que realiza cada uno de los órganos, adquiere verdadera importancia el trabajo conjunto. Así, un grupo de órganos que en conjunto ejecutan una misma función constituyen lo que se llama un aparato.

Los principales aparatos del cuerpo humano son:

- ⮑ **Aparato locomotor.** En general, permite interactuar con el medio que le rodea, mediante el movimiento o locomoción. Consta de dos partes principales: el armazón o esqueleto y los músculos.
- ⮑ **Aparato digestivo.** Conjunto de órganos encargados del proceso de digestión. Principalmente, consta de dos partes: el tubo digestivo y las glándulas digestivas, que producen los jugos necesarios para la transformación de los alimentos.
- ⮑ **Aparato urinario.** Su finalidad es desechar los productos nitrogenados del cuerpo por medio de la orina. El aparato urinario está constituido por dos partes principales: las glándulas secretoras o riñones, que, en número de dos, extraen la orina de la sangre, y el aparato excretor, que expulsa al exterior dicha orina.

- **Sistema nervioso.** Su función principal es captar y procesar las señales, ejerciendo control y coordinando el resto de los órganos para lograr una eficaz interacción con el medioambiente.
Las neuronas son las células especializadas del sistema nervioso. Se encargan de coordinar las distintas acciones.
- **Aparato circulatorio.** Como su propio nombre indica, es el encargado del proceso de circulación de la sangre. Mantiene la corriente circulatoria y distribuye la sangre por todo el organismo.
Además de la sangre, el aparato circulatorio está formado por el corazón y los vasos sanguíneos, es decir, venas, arterias y capilares.
El corazón se contrae para impulsar la sangre hacia los grandes vasos. La sangre que sale del corazón es conducida por las arterias a los diferentes órganos. Por las venas, la sangre vuelve al corazón. El sistema de canalizaciones se completa con los capilares, vasos en los que se realiza el intercambio entre la sangre y las células.
- **Aparato respiratorio.** Mediante este aparato se lleva a cabo el intercambio gaseoso entre el ser vivo y el mundo exterior.
En humanos y otros mamíferos, el sistema respiratorio consiste en vías aéreas, pulmones y músculos respiratorios.

2.6. Principales emergencias médicas

La práctica de los primeros auxilios puede salvar la vida a muchas personas. Por ello, debemos tener presente algunas nociones básicas ante las consecuencias más comunes provocadas por accidentes u otras causas. Entre los casos más frecuentes destacan:

- **Contusiones.** Son lesiones físicas no penetrantes en el cuerpo, causadas por golpes o caídas. Los efectos varían según la fuerza del impacto. La zona afectada suele inflamarse tras la aparición del dolor. En muchos casos, el tratamiento es la colocación de bolsas de hielo sobre la zona afectada.
- **Fracturas.** Son pérdidas en la continuidad de la sustancia ósea, es decir, roturas en los huesos.
Las fracturas pueden ser:

  - Cerradas: la piel cubre el hueso roto, es decir, la punta de la fractura no provoca la ruptura de la piel.
  - Abiertas: la punta del hueso fracturado perfora los músculos y la piel. Ello implica la posibilidad de que microorganismos exteriores puedan entrar en el cuerpo y provocar infecciones.

En caso de fractura, hay que reconocer al accidentado sin cambiarle de postura para no agravar la situación. Para inmovilizar el hueso roto, se le colocará una férula.

DEFINICIÓN

Férula
Tablilla flexible con su respectivo vendaje que cubrirá la zona del hueso afectado por ambos lados.

Hay que tener en cuenta que las fracturas más peligrosas son las del cuello, las vértebras cervicales y la columna vertebral, porque pueden paralizar varios miembros, como brazos, piernas, cuerpo e incluso, en caso extremo, producir la muerte.

Quemaduras

Las quemaduras son lesiones de la piel producidas por la descomposición de tejidos orgánicos debido a factores como el calor, el frío, productos químicos o la electricidad.

La clasificación de las quemaduras según la intensidad es la siguiente:

De primer grado
- Solo afectan a la capa externa de la piel (epidermis) por lo que las consecuencias no son graves, se enrojece la piel sin llegar a formar ampollas.

De segundo grado
- Afectan a las dos primeras capas de la piel, formando ampollas con un líquido en su interior, llamado plasma.

De tercer grado
- Su gravedad es considerable. Pueden llegar a destruir los tejidos y formar zonas muertas.

Ante una quemadura, antes de administrar los primeros auxilios, se debe evaluar la extensión y la profundidad de la parte más seria de la quemadura. Dependiendo de la clasificación de la quemadura se debe actuar:

⮕ **Quemaduras menores.** La actuación en caso de quemaduras menores consta de los siguientes pasos:

1. Calmar al afectado.
2. Si la piel no ha sido dañada, la zona afectada debe aliviarse con agua fría durante unos minutos. Una toalla limpia, húmeda y fría también ayuda a reducir el dolor.
3. Cubrir la quemadura con un vendaje estéril.

⮕ **Quemaduras graves.** La actuación en caso de quemaduras graves consta de los siguientes pasos:

1. En el caso de que una persona esté envuelta en llamas, dígale que se detenga, se tire al suelo y ruede. Envuelve a la persona en una manta, una alfombra, un abrigo...
2. Llama al teléfono de urgencias.
3. No retire la ropa quemada que se encuentre pegada a la piel.
4. Comprueba que el herido se encuentra respirando. Si las vías respiratorias están obstruidas, hay que abrirlas. Si es necesario, hay que suministrar respiración artificial.
5. Cubra la zona quemada con vendas estériles. Si el área quemada es muy extensa, puede cubrirse con una sábana.
6. Toma las medidas necesarias para evitar el *shock*.
7. Comprueba el pulso y la frecuencia respiratoria hasta que lleguen los servicios médicos.

Infecciones

Las infecciones se producen por el desarrollo de gérmenes nocivos que invaden el cuerpo, generalmente a través de una herida, y se multiplican en él.

Los síntomas de las infecciones son dolor en la zona afectada, enrojecimiento de esta, fiebre, cansancio y aparición de pus en las heridas.

Ante una urgencia, la zona infectada hay que limpiarla con una gasa esterilizada, desde el centro hacia los bordes, se aplicará un producto que desinfecte y, seguidamente, hay que tapar la herida con unas gasas, sujetándolas, por ejemplo, con esparadrapo.

En el caso de infección tetánica, como es una de las más peligrosas, hay que ir al centro sanitario más cercano para su tratamiento, ya que allí procederán a la vacunación del afectado.

Impacto de cuerpos extraños en los ojos

Se produce por la proyección de cuerpos extraños hacia los ojos. Los más habituales son polvo, cristal, pequeños trocitos de azulejos, etc.

En el caso de que el cuerpo extraño no esté clavado en el ojo, hay que extraerlo con la punta de un pañuelo. Si el cuerpo extraño se encuentra en la parte interior del párpado superior, se deber mirar hacia abajo y voltear el párpado hacia fuera.

Si está clavado sobre la córnea, se parpadeará varias veces con el fin de hacer un barrido; con las lágrimas se puede conseguir la expulsión. Si no se expulsa, hay que ir rápidamente al oculista.

Congelación

La congelación es la fase de dureza, palidez y enfriamiento del organismo cuando ha estado expuesto a un frío intenso durante un período de tiempo prolongado.

Puede afectar a cualquier parte del cuerpo, pero las más propensas son manos, pies, nariz y orejas.

El primer síntoma de congelación es la sensación de hormigueo seguida de entumecimiento. Otros síntomas son somnolencia, tambaleo...

Si nos encontramos ante una persona que presenta signos de congelación, actuaremos de la siguiente manera:

- Avisar a los servicios médicos.
- No calentar al herido con calefactores, bolsas de agua caliente, etc. Solo aplicar paños o bañar al herido con agua tibia.
- Llevar al afectado a una sala con temperatura normal, subiendo la temperatura paulatinamente.
- Cubrir las zonas afectadas con mantas o ropas de abrigo.
- Si el individuo está consciente, se le debe dar bebidas calientes muy azucaradas, pero no alcohólicas.

Heridas

La herida es una lesión en el cuerpo caracterizada por la pérdida de continuidad en la piel.

Las heridas pueden **clasificarse** en:

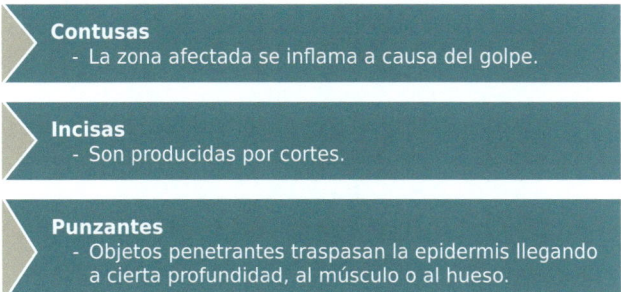

Contusas
- La zona afectada se inflama a causa del golpe.

Incisas
- Son producidas por cortes.

Punzantes
- Objetos penetrantes traspasan la epidermis llegando a cierta profundidad, al músculo o al hueso.

Cuando se produzca una herida, procederemos a la cura respetando el siguiente proceso:

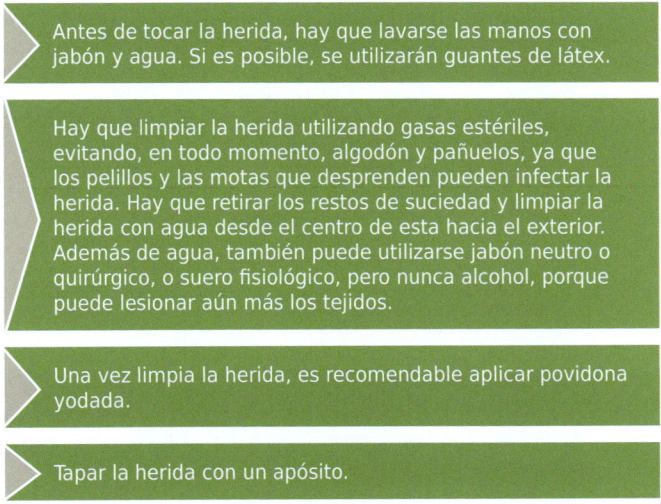

Antes de tocar la herida, hay que lavarse las manos con jabón y agua. Si es posible, se utilizarán guantes de látex.

Hay que limpiar la herida utilizando gasas estériles, evitando, en todo momento, algodón y pañuelos, ya que los pelillos y las motas que desprenden pueden infectar la herida. Hay que retirar los restos de suciedad y limpiar la herida con agua desde el centro de esta hacia el exterior. Además de agua, también puede utilizarse jabón neutro o quirúrgico, o suero fisiológico, pero nunca alcohol, porque puede lesionar aún más los tejidos.

Una vez limpia la herida, es recomendable aplicar povidona yodada.

Tapar la herida con un apósito.

Además, si duele la herida, se inflama mucho o si produce dolores de cabeza, es recomendable visitar al médico.

Hemorragias

Las hemorragias son pérdidas de sangre del cuerpo. Según el origen de la hemorragia, esta puede ser:

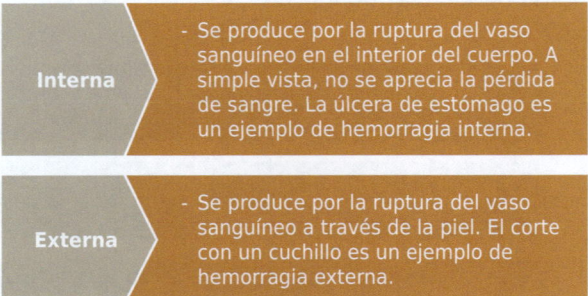

Interna	- Se produce por la ruptura del vaso sanguíneo en el interior del cuerpo. A simple vista, no se aprecia la pérdida de sangre. La úlcera de estómago es un ejemplo de hemorragia interna.
Externa	- Se produce por la ruptura del vaso sanguíneo a través de la piel. El corte con un cuchillo es un ejemplo de hemorragia externa.

Según el tipo de vaso sanguíneo roto, la hemorragia puede ser venosa, arterial o capilar.

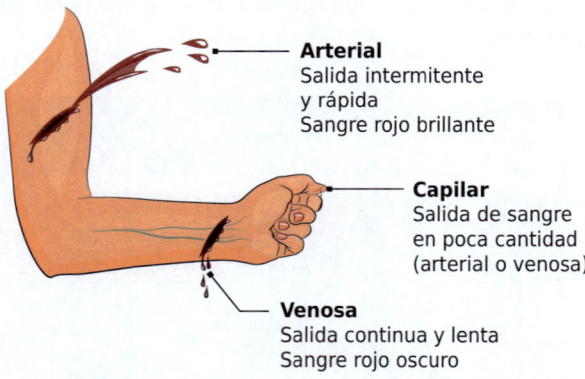

Arterial
Salida intermitente
y rápida
Sangre rojo brillante

Capilar
Salida de sangre
en poca cantidad
(arterial o venosa)

Venosa
Salida continua y lenta
Sangre rojo oscuro

Es importante conocer las diferencias de los tipos de sangre para evaluar la gravedad del herido.

En cualquier caso, para detener la hemorragia se presionará directamente la zona herida. Posteriormente, se limpiará la herida y se procederá a vendar la zona, sin oprimir en exceso la herida.

El torniquete solo será aplicado cuando la hemorragia sea masiva y haya peligro de necrosis en el miembro sangrante. Se utilizará un material no cortante, como puede ser el caso de un pañuelo, una cuerda, etc., para rodear el miembro donde se vaya a realizar el torniquete. Cuando se haya rodeado el miembro, se realiza un nudo ajustándolo. Después, se pasará por debajo un utensilio de apoyo (palo, bolígrafo...) y se girará para aumentar la presión del torniquete. Posteriormente, el utensilio se vuelve a insertar dentro del pañuelo para fijarlo. Es importante aflojar el torniquete cada 15-20 min para evitar la pérdida del miembro.

IMPORTANTE

A la hora de realizar el torniquete, no utilice ningún material que pueda lesionar arterias o venas.

Luxaciones

Llamamos luxaciones a las lesiones producidas por la pérdida de contacto de las superficies articulares.

La luxación puede ser:

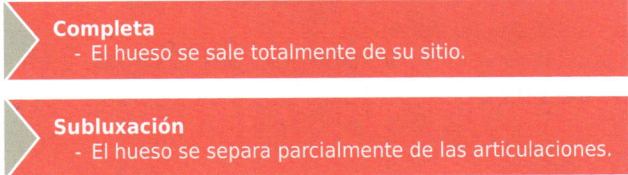

Completa
- El hueso se sale totalmente de su sitio.

Subluxación
- El hueso se separa parcialmente de las articulaciones.

La luxación y la subluxación más frecuentes se producen en el hombro, la cadera, la rodilla, el codo, el tobillo, los dedos y la muñeca.

Las luxaciones vienen precedidas de esguinces, que son desgarros de ligamentos producidos al forzar el movimiento de una articulación. Este desgarro debilita la articulación y produce la luxación con un movimiento brusco.

Entre los síntomas de luxación más visibles están la desviación del eje normal del miembro o la deformidad de la articulación. Otro síntoma es el alargamiento o el acortamiento de la articulación, así como la disminución en los movimientos de la articulación.

La forma de actuar ante una luxación es muy sencilla: se inmovilizará la zona afectada y se trasladará al herido al centro de asistencia sanitario más cercano.

Shock traumático

El *shock* traumático es un deterioro del estado circulatorio caracterizado por una disminuida perfusión de los órganos vitales que, si no es corregida, lleva a la muerte.

Los síntomas son:

- Piel pálida, sudorosa y fría.
- Pulso acelerado.
- Respiración débil o acelerada.
- Músculos flácidos.
- Síntomas de miedo e inquietud.

Ante la aparición de estos síntomas en una persona, hay que avisar a los servicios sanitarios. Mientras llegan:

- Aplicar respiración artificial si el afectado no respira.
- Realizar la reanimación cardiovascular en el caso de paro cardíaco.
- Si la víctima se encuentra pálida, hay que bajarle la cabeza pero nunca hay que darle de beber.
- Si la víctima vomita, hay que colocarle la cabeza a un lado para evitar que se ahogue.

Insolación

La insolación también es conocida como golpe de calor, se trata de la elevación de la temperatura corporal por encima de lo normal. Se presenta repentinamente a causa de una exposición prolongada a los rayos solares o a las altas temperaturas, por deshidratación, etc. En los casos más graves, la persona afectada perderá el conocimiento.

Entre los síntomas de una insolación destacan mareos, confusión, sudoración excesiva, náuseas y vómitos.

Ante un caso de insolación, se actuará de la siguiente manera:

- Llamar a los servicios sanitarios.

⮕ Llevar al afectado a la sombra y colocarle los pies en una posición elevada. Si puede ser, abanicarlo o hacer uso de ventiladores.

⮕ Quitarle la ropa y colocarle paños humedecidos.

Descargas eléctricas

Las descargas eléctricas se producen por fallos en la instalación eléctrica, fallos de la maquinaria y por falta de aislamiento.

Cuando nos cercioremos de que la maquinaria o la instalación eléctrica producen descargas, hay que desconectar la corriente mediante el interruptor.

Una persona sufre la descarga cuando su cuerpo entra a formar parte de un circuito eléctrico. La electricidad circula por su cuerpo cuando, por ejemplo, la mano toca un aparato cuyo cable está deteriorado.

Cuando una persona es víctima de una descarga, hay que actuar respetando el siguiente procedimiento:

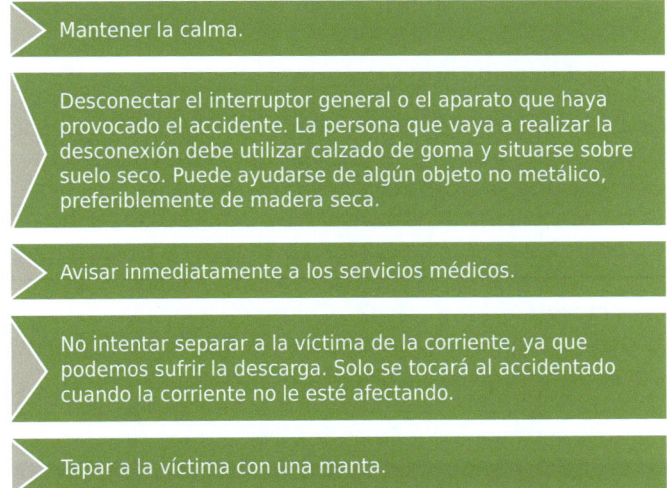

Mantener la calma.

Desconectar el interruptor general o el aparato que haya provocado el accidente. La persona que vaya a realizar la desconexión debe utilizar calzado de goma y situarse sobre suelo seco. Puede ayudarse de algún objeto no metálico, preferiblemente de madera seca.

Avisar inmediatamente a los servicios médicos.

No intentar separar a la víctima de la corriente, ya que podemos sufrir la descarga. Solo se tocará al accidentado cuando la corriente no le esté afectando.

Tapar a la víctima con una manta.

2.7. Técnicas de reanimación

Las técnicas de reanimación abracan los procedimientos fundamentales que permiten mantener con vida a una persona en situaciones de emergencia vital, como una parada cardiorrespiratoria, hasta la llegada de asistencia sanitaria especializada. Estas técnicas incluyen maniobras básicas como la reanimación cardiopulmonar (RCP), el uso de desfibriladores externos automatizados (DEA) y la aplicación de ventilaciones de rescate, todas ellas orientadas a preservar la oxigenación y la circulación sanguínea de los órganos vitales. La correcta ejecución de estas maniobras resulta determinante para aumentar las posibilidades de supervivencia y reducir las secuelas en la víctima, por lo que su aprendizaje y su práctica constituyen una competencia esencial en la prevención y la atención de emergencias.

Respiración artificial

Existen diversas técnicas de ventilación asistida para una persona que ha dejado de respirar o que le es dificultosa la respiración.

Boca a boca

La técnica más usual es el boca a boca. Fundamentalmente, consiste en despejar las vías respiratorias y estimular la inhalación y la exhalación.

Los pasos que seguir son:

1. Colocar a la víctima boca arriba e inclinarle la cabeza hacia atrás.
2. Abrir y liberar las vías respiratorias de cualquier elemento que le impida la entrada de aire: dientes, alimentos, chicle, etc.
3. Cerrar los orificios nasales haciendo pinza con los dedos índice y pulgar.
4. Colocar nuestra boca sobre la de la víctima e insuflar aire durante 2-3 segundos, observando que se expande el tórax del accidentado.
5. Levantar la cabeza y colocar el oído sobre la boca de la víctima para sentir que expulsa el aire. Se repetirá el mismo procedimiento una sola vez, por lo que solo se le han realizado dos insuflaciones.
6. Tras las dos insuflaciones, hay que observar si se dan signos de recuperación (movimientos reflejos, tos, etc.). Si existe pulso, comprobándolo en el cuello, hay que continuar con diez insuflaciones por minuto hasta que recupere la respiración (3 segundos para inspirarle aire y otros 3 para extraerle el aire.). Si no existe pulso, hay que comenzar el masaje cardíaco.

Masaje cardíaco

Este masaje se efectuará cuando advirtamos la ausencia de ritmo cardíaco.

Consiste en efectuar compresiones rítmicas sobre el tórax para comprimir las cavidades cardíacas y, de esta forma, vaciar el corazón y lograr que la sangre fluya hacia las arterias. Las compresiones se combinarán con respiración artificial para que la sangre se oxigene y se distribuya por todo el organismo. Para realizar las acciones (comprimir e insuflar aire), es conveniente que haya dos personas.

Los pasos que seguir son:

1. Situar el accidentado boca arriba sobre una superficie plana y firme, situándose los socorristas a su lado para que uno pueda colocar sus brazos totalmente extendidos sobre el pecho de la víctima y el otro insuflar el aire.
2. Palpar el centro del pecho y localizar el hueso esternón, ya que es el lugar donde deben ejercerse las presiones.
3. Apoyar el talón de la mano sobre el esternón y comprimirlo (2-3 cm) unas 30 veces. Deja de presionar para realizar dos insuflaciones de aire. Nunca hay que darse por vencido; repetir esta operación durante media hora.

 TAREA 4

En la empresa Mecatrónica Global S. L., un trabajador acaba de sufrir un accidente mientras realiza las labores de mantenimiento eléctrico. Al manipular un cable deteriorado, ha recibido una descarga eléctrica y ha quedado tendido en el suelo, aparentemente inconsciente.

Como responsable del equipo de prevención y primera persona en llegar al lugar del accidente:

- ¿Cuál debe ser la primera acción antes de socorrer al accidentado?
- ¿Qué pasos del protocolo PAS debes aplicar en esta situación?
- ¿Cómo debes comprobar si el trabajador está consciente y respira?
- Si el accidentado no respira ni tiene pulso, ¿qué técnica de reanimación debes aplicar hasta la llegada de los servicios de emergencia?
- ¿Qué errores debes evitar en este tipo de accidente?

3. Procedimiento general RCP-CAB

La **reanimación cardiopulmonar (RCP)** es una técnica de emergencia vital orientada a preservar la circulación de la sangre y la oxigenación del organismo en situaciones de parada cardiorrespiratoria. Su aplicación inmediata aumenta significativamente las probabilidades de supervivencia del accidentado hasta la llegada de personal sanitario especializado.

El protocolo internacional de referencia es el **RCP-CAB,** cuyas siglas corresponden a *Circulation* (**circulación**) – *Airway* (**vía aérea**) – *Breathing* (**respiración**). Este orden responde a la necesidad de priorizar la restauración de la circulación sanguínea mediante compresiones torácicas, ya que se ha demostrado que el flujo de sangre oxigenada, aunque sea mínimo, resulta crítico para la supervivencia cerebral y cardíaca.

3.1. Etapas del procedimiento CAB

Antes de detallar cada una de las fases que integran el procedimiento **RCP-CAB,** es importante comprender que este protocolo sigue un orden lógico de prioridades vitales. La secuencia **Circulación – Vía aérea – Respiración** no es arbitraria, sino que responde a la necesidad de garantizar el flujo sanguíneo mínimo que mantiene con vida al cerebro y al corazón, para después asegurar la apertura de las vías respiratorias y, finalmente, restablecer la ventilación. Este enfoque permite optimizar las maniobras de reanimación y aumentar la probabilidad de supervivencia de la víctima en los primeros minutos críticos.

Las fases que integran este procedimiento son:

➲ *Circulation* (C –Circulación):

- ❂ Lo primero es comprobar si la persona tiene pulso.
- ❂ En ausencia de pulso, se iniciarán las compresiones torácicas de forma inmediata.
- ❂ La técnica básica consiste en colocar las manos entrelazadas sobre el centro del pecho (hueso esternón) y realizar compresiones firmes y rápidas, a un ritmo de 100 a 120 compresiones por minuto, con una profundidad aproximada de 5 cm en los adultos.
- ❂ Tras cada compresión debe permitirse la expansión completa del tórax.
- ❂ El objetivo es mantener la circulación sanguínea artificial, asegurando un mínimo aporte de oxígeno a los órganos vitales.

⊃ *Airway* (**A – Vía aérea**):

 ◑ Tras iniciar las compresiones, se debe asegurar que las vías respiratorias estén despejadas.
 ◑ Se emplea la maniobra frente-mentón (inclinar la cabeza hacia atrás y elevar suavemente la barbilla) o, en caso de sospecha de traumatismo cervical, la maniobra de tracción mandibular sin movilizar el cuello.
 ◑ Es fundamental retirar cualquier cuerpo extraño visible en la boca que pueda obstruir la entrada de aire.

⊃ *Breathing* (**B – Respiración**):

 ◑ Una vez garantizada la apertura de las vías respiratorias, se debe evaluar la respiración.
 ◑ Si la víctima no respira, se deben aplicar las ventilaciones de rescate: se cubre la boca del accidentado con la del reanimador, se tapan las fosas nasales y se insufla aire durante un segundo, observando la expansión del tórax.
 ◑ La proporción recomendada en los adultos es de 30 compresiones torácicas por cada 2 ventilaciones, repitiéndose el ciclo de manera continua.

3.2. Consideraciones adicionales

Además de seguir la secuencia básica de compresiones torácicas, apertura de la vía aérea y ventilaciones de rescate, es necesario tener en cuenta una serie de aspectos complementarios que pueden marcar la diferencia en la eficacia de la maniobra. Estas consideraciones permiten adaptar el procedimiento a distintos contextos, condiciones del accidentado y recursos disponibles, garantizando así una intervención más segura y efectiva. Entre estas consideraciones destacan:

⊃ **Uso del desfibrilador externo automatizado (DEA).** Siempre que haya un DEA disponible, debe integrarse en la maniobra de RCP lo antes posible. El dispositivo guía al reanimador con instrucciones claras y determina si es necesaria una descarga para restablecer el ritmo cardíaco. Su aplicación precoz aumenta de forma considerable las probabilidades de supervivencia.

⊃ **Reanimación en solitario o en equipo.** Si la RCP la realiza una sola persona, se debe priorizar la continuidad de las compresiones torácicas, interrumpiendo lo menos posible para realizar las ventilaciones. Cuando intervienen dos o más reanimadores, es recomendable alternar las funciones de compresión y ventilación cada cierto tiempo para evitar la fatiga y mantener la calidad de la maniobra.

⊃ **Duración de la RCP.** Las maniobras deben mantenerse de forma continua hasta que la víctima recupere los signos vitales (respiración espontánea o pulso), hasta la llegada de los servicios de emergencia o hasta que el reanimador esté exhausto e imposibilitado para continuar. Interrumpir prematuramente la RCP reduce drásticamente las posibilidades de supervivencia.

⊃ **Adaptaciones según la víctima:**

  ۞ **Adultos:** se aplican 30 compresiones y 2 ventilaciones, con una profundidad de 5 cm.
  ۞ **Niños y lactantes:** la técnica se ajusta a su anatomía, con menor profundidad en las compresiones (aproximadamente un tercio del diámetro torácico) y un volumen reducido en las ventilaciones.
  ۞ **Personas con riesgo de lesión cervical:** en estos casos se debe evitar la hiperextensión de la cabeza al abrir la vía aérea, utilizando preferiblemente la maniobra de tracción mandibular.

⊃ **Calidad de las compresiones torácicas.** Las compresiones deben ser rítmicas, firmes y profundas, permitiendo la completa expansión del tórax después de cada una. La calidad se prioriza frente a la cantidad: las compresiones poco profundas o demasiado lentas resultan ineficaces.

IMPORTANTE

El procedimiento RCP-CAB no se limita a aplicar compresiones y ventilaciones: implica también considerar los recursos disponibles, el número de reanimadores y las características del accidentado. La combinación de técnica, criterio y práctica frecuente es la clave para una reanimación eficaz.

APLICACIÓN PRÁCTICA

Luis es operario en una fábrica y, durante su jornada, presencia cómo un compañero cae desplomado al suelo. Tras comprobar que no responde y que no respira, recuerda que debe aplicar la reanimación cardiopulmonar (RCP) siguiendo el protocolo CAB.

Continúa en página siguiente >>

<< Viene de página anterior

Según el protocolo CAB, ¿cuál es la primera maniobra que debe realizar Luis en la reanimación cardiopulmonar?

Solución

El protocolo CAB de la RCP indica que la actuación debe seguir este orden:

- **C – Compresiones:** iniciar inmediatamente con 30 compresiones torácicas en el centro del pecho, a un ritmo de unas 100-120 por minuto y con una profundidad de 5-6 cm.
- **A – Apertura de la vía aérea:** tras las compresiones, inclinar la cabeza hacia atrás y levantar el mentón para abrir la vía aérea.
- **B – Boca a boca (ventilación):** administrar 2 ventilaciones de rescate asegurando que el tórax del accidentado se eleve con cada insuflación, lo que confirma la correcta entrada de aire a los pulmones.

---

4. Control de salud

El control de la salud de los trabajadores se lleva a cabo a través de la conocida oficialmente como vigilancia de la salud.

Se basa en una serie de técnicas (control biológico, *screening)* y otros datos (exploraciones físicas, encuestas, pruebas complementarias, etc.) tomados sistemática y periódicamente para conocer el estado de salud de los trabajadores o para detectar cambios en el estado, y así poder desarrollar estrategias de prevención.

 **DEFINICIÓN**

Screening
En medicina, se trata de una estrategia aplicada sobre una población para detectar una enfermedad en individuos sin signos o síntomas de esa enfermedad.

La vigilancia de la salud persigue dos tipos de objetivos:

- **Individuales.** Como objetivos individuales de la vigilancia de la salud destacan:

  - Detectar precozmente las alteraciones de la salud.
  - Identificar aquellos trabajadores que sean muy susceptibles o especialmente sensibles a ciertos riesgos.

- **Colectivos.** Por otro lado, la vigilancia de la salud también persigue una serie de objetivos colectivos:

  - Valorar el estado de salud de los trabajadores.
  - Evaluar la eficacia del plan de prevención.
  - Aportar datos para la evaluación de la exposición ambiental.
  - Intervenir en los planes de educación sanitaria. Elaborar un mapa de riesgos.

En el artículo 22 de la Ley 31/1995 se recoge legalmente el derecho que tienen los trabajadores a una vigilancia periódica de su estado de salud. Este derecho, según el citado artículo, está garantizado por el empresario.

El artículo 22 también indica que la vigilancia de la salud hay que llevarla a cabo en función de los riesgos inherentes a cada trabajador. Así queda claro que, por ley, la vigilancia se realizará en función de los riesgos a los que está sometido el trabajador en el lugar de trabajo.

La Ley de Prevención de Riesgos Laborales, a través de su artículo 22, también recoge que la vigilancia de la salud es voluntaria, pero hay casos en los que, a pesar de que el trabajador no preste su consentimiento, hay que llevar a cabo la vigilancia:

> Cuando la vigilancia de la salud se considere imprescindible para evaluar los efectos de las condiciones de trabajo sobre la salud.

> Cuando la vigilancia de la salud se considere imprescindible para comprobar si el estado de salud de un trabajador puede constituir un peligro para sí mismo, para el resto de los trabajadores o para otras personas relacionadas con la empresa.

> Cuando lo establezca una disposición legal.

La confidencialidad de los resultados también es un punto que deja claro el **artículo 22:**

- Los resultados solo serán comunicados a los trabajadores.
- A los empresarios y a los responsables preventivos de la empresa se les puede informar sobre las conclusiones en términos de si un trabajador es apto o no apto para su puesto; incluso si, siendo apto, hay que introducir en la empresa las correctas medidas de protección y prevención.

Asimismo, hay que saber que el empresario está obligado a garantizar la vigilancia de la salud hasta que un trabajador permanezca en la empresa. Pero hay una excepción: la vigilancia se prolongará más allá de la finalización de la relación laboral siempre que los efectos sobre los trabajadores así lo aconsejen (cuando los efectos tengan un período de latencia largo o cuando puedan aparecer una vez extinguida la relación contractual).

IMPORTANTE

El coste económico derivado de la vigilancia de la salud nunca recaerá sobre el trabajador.

- -

Por último, hay que decir que ninguna norma establece una periodicidad para que los trabajadores reciban los servicios de vigilancia de la salud.

Está claro que el empresario tiene que ser responsable y, junto con sus asesores preventivos, establecer la periodicidad idónea; seguramente esto vaya en función de los riesgos, el trabajo que se va a realizar, etc. A pesar de ello, sí que pueden diferenciarse distintos tipos de vigilancia en función de la periodicidad:

- **Inicial.** Al incorporarse el trabajador a la empresa o tras haberle asignado sus tareas.
- **Periódica.** Debida al trabajo con determinados productos, en determinadas condiciones o por las características personales de cada trabajador.
- **Ausencia.** Tras una ausencia prolongada por enfermedad.
- **Previa.** A la exposición a los productos peligrosos.
- **Posocupacional.** Cuando el efecto del riesgo tiene un largo período de latencia.
- **Daños.** Por detección de daño en un trabajador.

5. Actuación de emergencia y evacuación

La actuación de emergencia y evacuación representa la puesta en marcha de los planes preventivos diseñados para responder a las situaciones críticas dentro de un centro de trabajo. Cuando se produce un accidente, un incendio, una explosión, un escape tóxico u otra contingencia grave, la rapidez y la organización de las acciones determinan la magnitud de los daños. Por ello, se considera un eje esencial de la seguridad laboral contar con protocolos claros, personal formado y simulacros periódicos que garanticen la efectividad del proceso.

El objetivo principal de esta actuación no es únicamente proteger los bienes materiales, sino salvaguardar la integridad física y psicológica de los trabajadores y facilitar la coordinación con los servicios de emergencia externos.

5.1. Principios de actuación en emergencias

Antes de ejecutar cualquier acción, es fundamental comprender los principios que guían la respuesta ante emergencias. Estos principios sirven de marco de referencia para todos los trabajadores y facilitan que las decisiones se tomen bajo criterios objetivos, evitando la improvisación.

Entre los más relevantes se encuentran:

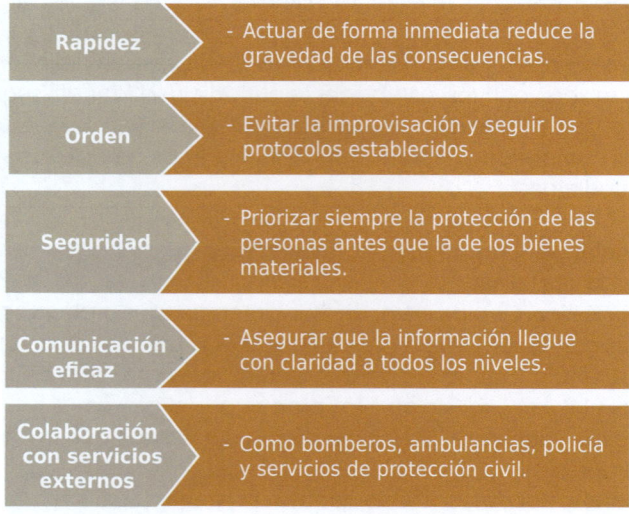

Rapidez	- Actuar de forma inmediata reduce la gravedad de las consecuencias.
Orden	- Evitar la improvisación y seguir los protocolos establecidos.
Seguridad	- Priorizar siempre la protección de las personas antes que la de los bienes materiales.
Comunicación eficaz	- Asegurar que la información llegue con claridad a todos los niveles.
Colaboración con servicios externos	- Como bomberos, ambulancias, policía y servicios de protección civil.

5.2. Procedimiento general de actuación en una emergencia

El procedimiento de actuación es el conjunto de fases que estructuran la respuesta organizada frente a un incidente. Contar con un esquema común permite que cualquier trabajador conozca cómo actuar, incluso en un entorno de tensión.

De forma general, las etapas abarcan:

- **Detección y alarma.** Cualquier persona que observe una situación de riesgo debe comunicarla de inmediato al equipo de emergencia o, en su defecto, activar las alarmas establecidas.
- **Evaluación inicial.** El responsable de emergencia valora la magnitud de la situación (conato, emergencia parcial o general) y toma decisiones inmediatas.
- **Intervención inicial.** Los equipos designados (extinción de incendios, primeros auxilios, evacuación) actúan conforme a su formación y los medios disponibles.
- **Aviso a servicios externos.** Se contacta con bomberos, emergencias médicas o policía, según la naturaleza del incidente.
- **Evacuación ordenada.** Si la situación lo requiere, se procede al desalojo de las instalaciones siguiendo los itinerarios señalizados y dirigiéndose a los puntos de reunión.
- **Recuento y control.** Una vez completada la evacuación, se verifica que todas las personas se encuentren fuera de peligro.
- **Fin de la emergencia.** La autoridad competente (responsable interno o servicios externos) determina el momento seguro para el retorno.

6. Organización de la evacuación

La evacuación constituye una de las medidas más críticas en la gestión de emergencias, ya que implica el desplazamiento de todas las personas hacia zonas seguras. Este proceso debe ser planificado con antelación, designando responsables y definiendo rutas, puntos de reunión y recursos de apoyo.

En este contexto, cobra especial relevancia la figura del equipo de alarma y evacuación (EAE), compuesto por trabajadores formados que asumen la tarea de dirigir el proceso. Sus funciones incluyen:

- Indicar las rutas de evacuación establecidas.
- Evitar el uso de ascensores.
- Controlar accesos prohibidos o peligrosos.

- Prestar especial atención a personas con movilidad reducida o necesidades especiales.
- Garantizar el recuento final de los evacuados.

6.1. Buenas prácticas en la evacuación

Además de la organización formal, resulta necesario promover en los trabajadores un conjunto de buenas prácticas que refuercen la seguridad durante el desalojo de las instalaciones. Estas pautas no dependen únicamente de la formación, sino también de la disciplina y la responsabilidad individual de cada persona.

Entre ellas destacan:

- Conservar la calma y caminar en fila ordenada, evitando correr o retroceder.
- Seguir las señales luminosas y auditivas de emergencia.
- No detenerse a recoger objetos personales.
- Cerrar puertas y ventanas a medida que se abandona el área, sin bloquear salidas.
- En caso de humo, desplazarse agachado para evitar la inhalación de gases tóxicos.
- No regresar al edificio hasta recibir autorización oficial.

 IMPORTANTE

Para que la actuación de emergencia y evacuación sea efectiva, debe estar acompañada de simulacros periódicos que permitan comprobar la viabilidad de los procedimientos y mejorar la coordinación entre trabajadores y equipos de intervención. Estos ejercicios también ayudan a identificar deficiencias organizativas y a reforzar la cultura preventiva en la empresa.

7. Emergencias y evacuación

Según el artículo 20 de la Ley 31/1995 de Prevención de Riesgos Laborales, el empresario está obligado a analizar las posibles situaciones de emergencia para tomar las medidas necesarias en materia de primeros auxilios, lucha contra incendios y evacuación de los trabajadores. Por ello, consecuentemente, toda empresa dispondrá de documentos donde se plasme la correcta forma de actuar.

7.1. Plan de emergencia

Se trata del documento donde se plasma el conjunto de medidas destinadas a hacer frente a situaciones de riesgo que pueden llegar a materializarse, minimizando los posibles efectos y consecuencias personales y materiales.

 SABÍAS QUE...

En el caso de que el plan de emergencia plasme las normas y los medios de evacuación, se considerará que es un plan de emergencia y evacuación.

Objetivo del plan de emergencia

Aunque el plan de emergencia no persigue un solo objetivo, generalizando, se puede decir que busca la consecución de un sistema de actuación e intervención ante la posible aparición de una emergencia.

Como objetivos particulares o específicos, se pueden citar los siguientes:

- Identificar las distintas amenazas o situaciones de emergencia.
- Evaluar el nivel de riesgo.
- Afrontar cualquier emergencia surgida en el menor tiempo posible.
- Establecer medios que protejan al personal y las instalaciones ante la situación de emergencia, eliminando o minimizando las lesiones, los daños y las pérdidas.
- Determinar la estructura jerárquica de actuación durante la emergencia.
- Establecer las relaciones de colaboración con servicios externos, especificando qué instituciones y personas deben ser avisadas.
- Definir las señales de alarma según las características y/o la gravedad de las posibles situaciones.

⮑ Analizar la vulnerabilidad de las instalaciones ante las posibles emergencias.

⮑ Confeccionar métodos operativos que permitan la atención eficaz de las emergencias.

⮑ Establecer simulacros periódicos ante las posibles emergencias.

 IMPORTANTE

Al determinar la estructura jerárquica de actuación, hay que concretar quién es el máximo responsable.

7.2. Plan de evacuación

Un plan de evacuación es un proyecto, plasmado por escrito, donde se muestra la forma de desalojar, total o parcialmente, un centro de trabajo, de forma ordenada o controlada, cuando la situación de la emergencia así lo aconseje.

Objeto del plan de evacuación

La función/objeto de un plan de evacuación es desalojar un local de la mejor manera, es decir, actuando con la celeridad adecuada, sin improvisación, etc., y así minimizar las posibles consecuencias. Para conseguirlo es primordial:

⮑ **Mostrar aspectos organizativos.** Se refieren a las medidas de coordinación y planificación necesarias para garantizar una evacuación segura en caso de emergencia. Incluyen:

  ◐ La forma correcta de desocupar el lugar (ordenada, sin correr, sin regresar a recoger objetos personales).
  ◐ Designación de responsables de evacuación (coordinadores y guías).
  ◐ Identificación y señalización de puntos de encuentro externos.
  ◐ Establecimiento de rutas prioritarias y normas de comportamiento durante la evacuación.

○ Ensayos periódicos de simulacros para comprobar la efectividad del plan.
○ Comunicación clara y rápida de la emergencia a todos los trabajadores.

⊃ **Mostrar aspectos técnicos.** Son las condiciones materiales y las infraestructuras que facilitan la evacuación y la seguridad en situaciones de riesgo. Incluyen:

○ Vías de evacuación claramente señalizadas, iluminadas y libres de obstáculos.
○ Puertas de emergencia de apertura fácil y en sentido de salida.
○ Sistemas de alarma sonora y visual para alertar a todas las personas.
○ Iluminación de emergencia en pasillos y escaleras.
○ Planos y carteles visibles indicando las rutas de evacuación.
○ Extintores y sistemas de protección contra incendios correctamente distribuidos y en buen estado.

Dentro de este punto, no podemos obviar si el objetivo del plan de evacuación es desalojar el local parcial o totalmente:

Evacuación parcial
- Cada trabajador se dirigirá, sin correr y en grupo, hacia los puntos de reunión establecidos, siempre por las vías de evacuación señalizadas. Cuando se llegue al destino final, cada uno se identificará ante los responsables para que puedan contabilizar a los evacuados.

Evacuación total
- Cada trabajador se dirigirá, sin correr y en grupo, y por las vías señalizadas, hacia el punto de reunión en el exterior del recinto.

Al igual que anteriormente, cuando se llegue al destino final, cada trabajador debe identificarse para que el recuento de personas sea fácil.

Organización, recursos y procedimientos

La importancia de que un local posea un plan de evacuación es enorme, pero si este no es efectivo de nada sirve. Por ello, el plan de evacuación recogerá documentos relativos a la organización, los recursos utilizados y los procedimientos que llevar a cabo.

La organización se lleva a cabo a través de una brigada de emergencia. Dentro de esta brigada, los encargados de actuar en caso de evacuación son los trabajadores que forman el equipo de alarma y evacuación (EAE).

Por regla general, debe haber un componente del equipo de alarma y evacuación en los accesos a puertas, escaleras, ascensores…, es decir, en zonas a las cuales no se debe acceder en caso de emergencia.

Plan de evacuación

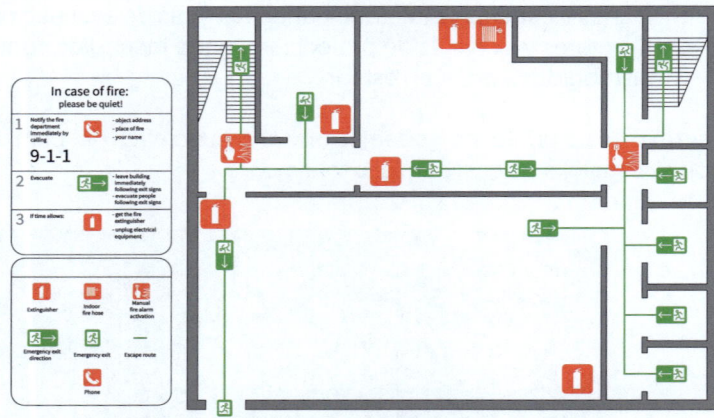

Plan de evacuación en el que se indica la ubicación de los extintores y las salidas de emergencia

Por su parte, los recursos son aquellos materiales y medios con los que cuenta la empresa para evacuar correctamente. Los principales recursos son la señalización del lugar, los planos y las alarmas. Todos ellos deben aparecer en los centros de trabajo que, por sus características y riesgos existentes, hagan necesario un plan de evacuación.

Por último, hay que hablar de los procedimientos, ya que, ante la posibilidad de evacuar un local de trabajo, se requerirán adecuados procedimientos de actuación. Estos procedimientos, llevados a cabo por el equipo de alarma y evacuación (EAE), deben ser:

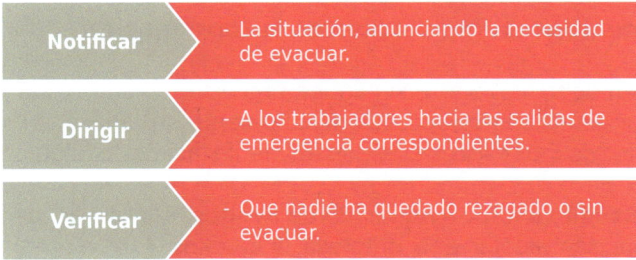

Notificar	- La situación, anunciando la necesidad de evacuar.
Dirigir	- A los trabajadores hacia las salidas de emergencia correspondientes.
Verificar	- Que nadie ha quedado rezagado o sin evacuar.

8. Plan de autoprotección

El plan de autoprotección constituye el documento de referencia que integra todas las medidas y los procedimientos destinados a prevenir y controlar los riesgos que puedan presentarse en un centro de trabajo, así como a organizar la respuesta ante emergencias. Se trata de una herramienta esencial de la gestión preventiva, ya que permite actuar con eficacia en situaciones críticas, minimizando las consecuencias tanto para las personas como para los bienes materiales y el entorno.

Este plan es de carácter obligatorio en determinados sectores y actividades de especial riesgo, pero también se recomienda en cualquier organización como instrumento de seguridad integral.

8.1. Objetivos del plan de autoprotección

Todo plan de autoprotección persigue como finalidad principal proteger la vida, la integridad física y la salud de las personas que se encuentren en el centro de trabajo. No obstante, también incluye objetivos secundarios relacionados con la protección de bienes, la continuidad de la actividad y la coordinación con los servicios públicos de emergencia.

Entre los objetivos más destacados se encuentran:

- Identificar de forma sistemática los riesgos presentes en la empresa.
- Establecer la organización interna para la gestión de emergencias.
- Definir los protocolos de actuación ante diferentes escenarios de riesgo.
- Garantizar la comunicación eficaz con los servicios externos de emergencia.
- Fomentar la formación y la participación de los trabajadores en la autoprotección.

8.2. Contenido mínimo del plan de autoprotección

El plan debe elaborarse siguiendo una estructura homogénea que facilite su comprensión y su aplicación. Aunque puede variar en función del sector y de los riesgos específicos, generalmente incluye los siguientes apartados:

- **Identificación y evaluación de riesgos.** Análisis de las amenazas que pueden afectar a la empresa (incendios, explosiones, fugas tóxicas, inundaciones, etc.).
- **Medios de protección existentes.** Inventario de instalaciones y recursos disponibles, como extintores, bocas de incendio, alarmas, salidas de emergencia o sistemas de detección automática.
- **Organización de la autoprotección.** Definición de responsables, equipos de emergencia, funciones y jerarquía de mando.
- **Procedimientos de actuación.** Protocolos detallados para la prevención, la alerta, la evacuación, el confinamiento o la intervención inicial.
- **Plan de información y formación.** Programas de capacitación dirigidos a trabajadores y responsables de emergencias.
- **Mantenimiento y actualización.** Medidas para garantizar que el plan esté siempre vigente y operativo.

8.3. Organización interna de la autoprotección

Un aspecto esencial del plan es la organización de los recursos humanos. La empresa debe designar a las personas que formarán parte de los equipos de emergencia, asignándoles funciones específicas como detección, alarma, primeros auxilios, extinción de incendios y evacuación.

Esta organización debe estar claramente definida en un organigrama jerárquico en el que figure quién asume la dirección de la emergencia, quién coordina a cada equipo y cómo se garantiza la comunicación entre todos los niveles. La existencia de responsables formados y entrenados evita la improvisación y permite actuar con eficacia ante situaciones críticas.

8.4. Coordinación con los servicios externos

Ningún plan de autoprotección es completo si no contempla la coordinación con los servicios públicos de emergencia (bomberos, protección civil, policía, emergencias médicas, etc.). Esta coordinación se consigue a través de convenios, simulacros conjuntos y la transmisión de información precisa en caso de accidente.

La rapidez con la que se avise a estos organismos, la claridad en la descripción del incidente y el conocimiento de los accesos y los recursos de la empresa son elementos que facilitan su intervención y reducen las consecuencias de la emergencia.

8.5. Simulacros y actualización del plan

El plan de autoprotección no es un documento estático. Requiere de una revisión periódica para adaptarlo a los cambios en la empresa (nuevas instalaciones, modificaciones en los procesos de trabajo, incorporación de riesgos adicionales).

Asimismo, resulta indispensable realizar simulacros periódicos que permitan evaluar el grado de preparación de los trabajadores y la eficacia de los procedimientos. Estos ensayos no solo sirven para detectar fallos y corregirlos, sino también para reforzar la confianza y la coordinación entre los equipos de emergencia internos y externos.

 IMPORTANTE

El plan de autoprotección no solo es una exigencia legal en muchas actividades, sino también una muestra del compromiso de la empresa con la seguridad y la cultura preventiva. Su correcta implantación puede marcar la diferencia entre una emergencia controlada y un desastre con graves consecuencias.

9. Resumen

Los primeros auxilios se entienden como el conjunto de medidas inmediatas que se aplican a una persona accidentada con el fin de evitar el agravamiento de sus lesiones hasta la llegada de la ayuda especializada. Su finalidad no es sustituir al personal sanitario, sino preservar la vida, reducir el dolor y evitar las posibles complicaciones.

Los principios generales de actuación se basan en mantener la calma para actuar con seguridad, evitar las aglomeraciones que dificulten la atención, no movilizar al accidentado salvo necesidad urgente y observar el lugar del accidente para priorizar a los heridos según su gravedad.

El protocolo PAS (proteger, avisar, socorrer) constituye la regla básica de los primeros auxilios. Se centra en proteger al accidentado y al socorrista de nuevos riesgos, avisar con rapidez a los servicios de emergencia, transmitiendo la información de forma clara, y socorrer al herido aplicando técnicas iniciales de valoración y atención. Este protocolo asegura un orden lógico en la intervención.

La organización del personal en las emergencias contempla distintos roles: los testigos ordinarios, que carecen de formación; los privilegiados, que pueden aportar información útil; y los profesionales, que poseen entrenamiento para intervenir. Además, destacan figuras como el telefonista, encargado de contactar con los servicios de emergencia, y el socorrista laboral, capacitado para ofrecer ayuda inmediata en el centro de trabajo.

La evaluación primaria del accidentado se centra en tres aspectos: conciencia, respiración y pulso. Estos parámetros permiten decidir si es necesario aplicar técnicas de reanimación, como la respiración artificial o el masaje cardíaco. En este sentido, la reanimación cardiopulmonar (RCP) basada en el procedimiento CAB *(Circulation, Airway, Breathing)* es esencial para mantener el flujo sanguíneo y la oxigenación en casos de paro cardiorrespiratorio.

Las emergencias médicas más frecuentes en el trabajo incluyen contusiones, fracturas, quemaduras, infecciones, congelaciones, heridas, hemorragias, luxaciones, *shock* traumático, insolación, descargas eléctricas o cuerpos extraños en los ojos. Cada una de ellas requiere un procedimiento específico de actuación que busca aliviar el dolor, evitar complicaciones y preservar la vida hasta la llegada de asistencia sanitaria.

La actuación en las situaciones de emergencia y evacuación responde a los principios de rapidez, orden, seguridad y comunicación eficaz. Los planes de emergencia, evacuación y autoprotección son documentos clave que establecen los protocolos, las responsabilidades, los recursos y la coordinación con los servicios externos. Su implantación debe reforzarse mediante simulacros periódicos, lo que permite comprobar la eficacia de los procedimientos y consolidar la cultura preventiva en la empresa.

Ejercicios de autoevaluación
Unidad de Aprendizaje 4

1. ¿Cuál es el objetivo principal de los primeros auxilios?

    a. Sustituir al médico.
    b. Evitar el empeoramiento del accidentado.
    c. Administrar medicamentos.
    d. Trasladar al herido inmediatamente.

2. ¿Qué actitud debe mantener quien presta primeros auxilios?

    a. Nerviosismo.
    b. Indiferencia.
    c. Tranquilidad.
    d. Impulsividad.

3. ¿Qué significa la P del protocolo PAS?

    a. Precaución.
    b. Proteger.
    c. Priorizar.
    d. Prevenir.

4. ¿Qué se comprueba primero al socorrer al accidentado?

    a. Estado de conciencia.
    b. Pulso.
    c. Color de la piel.
    d. Hemorragias.

5. ¿Qué maniobra abre las vías respiratorias en un accidentado sin lesiones cervicales?

    a. Tracción mandibular.
    b. Hiperextensión del cuello.
    c. Masaje cardíaco.
    d. Colocar en decúbito lateral.

6. ¿Qué grado de quemadura destruye tejidos y puede generar zonas muertas?

    a. Primer grado.
    b. Segundo grado.
    c. Tercer grado.
    d. Superficial.

7. ¿Qué tipo de hemorragia se produce al romperse un vaso sanguíneo dentro del cuerpo?

    a. Externa.
    b. Interna.
    c. Capilar.
    d. Venosa.

8. ¿Qué orden establece el procedimiento RCP-CAB?

    a. Airway – Circulation – Breathing.
    b. Circulation – Airway – Breathing.
    c. Breathing – Airway – Circulation.
    d. Circulation – Breathing – Airway.

9. ¿Qué frecuencia de compresiones torácicas se recomienda en adultos durante la RCP?

    a. 60 por minuto.
    b. 80 por minuto.
    c. 100-120 por minuto.
    d. Más de 150 por minuto.

10. ¿Qué equipo dirige el proceso de desalojo en una evacuación laboral?

    a. Delegados sindicales.
    b. Equipo de alarma y evacuación.
    c. Testigos ordinarios.
    d. Dirección de Recursos Humanos.

Riesgos específicos y su prevención en el sector químico

Contenido

Objetivos

El objetivo general de esta Unidad de Aprendizaje es:

→ Describir los principales riesgos propios del sector químico y, en concreto, aquellos riesgos específicos más importantes.

Los objetivos específicos de esta Unidad de Aprendizaje son:

→ Reconocer los riesgos propios de la industria química, distinguiendo entre riesgos de seguridad, ambientales, ergonómicos y psicosociales.

→ Analizar los efectos de la exposición a sustancias químicas peligrosas y los accidentes graves derivados de incendios, explosiones o fugas.

→ Aplicar medidas preventivas colectivas e individuales, priorizando la protección en el origen de los riesgos y el uso adecuado de los equipos de protección individual (EPI).

→ Conocer la normativa aplicable al sector químico (REACH, CLP, Seveso III, APQ, ATEX, entre otras) y comprender las responsabilidades de empresarios, mandos y trabajadores.

→ Actuar adecuadamente en emergencias químicas, aplicando protocolos de primeros auxilios, comunicación, evacuación y control de fugas.

→ Fomentar la cultura preventiva en la industria química, promoviendo actitudes responsables, buenas prácticas y aprendizaje continuo.

→ Diseñar medidas preventivas integradas en un procedimiento de trabajo seguro para la manipulación de productos químicos peligrosos.

1. Introducción

La industria química conforma uno de los sectores más complejos en lo que se refiere a la prevención de riesgos laborales debido a la manipulación, el almacenamiento y el transporte de sustancias inflamables, explosivas, tóxicas o corrosivas. Las actividades desarrolladas en los laboratorios, las plantas de producción y las zonas de almacenamiento requieren un control riguroso de la seguridad, ya que los incidentes pueden afectar a los trabajadores, a la población y al medioambiente. El trabajo en este sector implica la exposición simultánea a riesgos químicos, físicos, ergonómicos, psicosociales y ambientales, por lo que la prevención debe abordarse de manera integral, protegiendo la salud laboral y minimizando el impacto ambiental.

Por todo lo anterior, es imprescindible crear unos protocolos claros y detallados para identificar los riesgos comunes, aplicar medidas preventivas eficaces y garantizar una actuación correcta en caso de emergencia. La anticipación a los accidentes y la formación continua del personal son fundamentales para reducir la probabilidad de enfrentarse a accidentes graves, como incendios o explosiones, y para asegurar unas respuestas adecuadas ante cualquier posible eventualidad que pueda presentarse durante el desempeño de las tareas diarias en este sector.

2. Importancia de la prevención en el entorno laboral y ambiental

Dentro del sector químico, la prevención de los riesgos laborales es fundamental debido a la peligrosidad de muchas sustancias utilizadas, ya que los errores humanos, los fallos en sistemas de seguridad o las deficiencias en los equipos pueden provocar accidentes graves, como fugas tóxicas, incendios o explosiones, afectando a los trabajadores, al entorno y a la población. Por ello, se requiere una gestión preventiva rigurosa que incluya la identificación de los riesgos, la correcta aplicación de las medidas técnicas y organizativas, así como la formación continua del personal y el uso adecuado de los equipos de protección individual y los sistemas colectivos de seguridad.

Además, ambientalmente, la prevención resulta un aspecto crítico, puesto que el almacenamiento, el transporte y la eliminación inadecuada de las sustancias químicas pueden contaminar el aire, el agua y el suelo, afectando a los ecosistemas y a la salud de las comunidades cercanas. La normativa obliga a las empresas a adoptar unas exhaustivas medidas de control y a establecer los planes de contingencia necesarios para hacer frente a las posibles emergencias, convirtiendo la cultura preventiva en un valor estratégico que proteja tanto la actividad productiva como a las personas y el medioambiente.

 SABÍAS QUE...

En 1976 ocurrió el accidente de Seveso (Italia) por una fuga de dioxina de una planta química, lo que dio lugar a la creación de la Directiva Seveso en la Unión Europea, que regula la seguridad en las instalaciones de alto riesgo.

2.1. Principios de la acción preventiva

En el sector químico, la aplicación de los principios de la acción preventiva resulta esencial para minimizar los riesgos derivados de la manipulación, el almacenamiento y el transporte de sustancias peligrosas. Estos principios, recogidos en la normativa en materia de prevención de riesgos laborales, deben guiar todas las decisiones técnicas y organizativas dentro de las instalaciones.

Estos principios son:

- **Evitar los riesgos.** Siempre que sea posible, se debe sustituir el uso de las sustancias peligrosas por otras menos dañinas o emplear procesos alternativos más seguros.
- **Evaluar los riesgos que no se pueden evitar.** Identificar de manera sistemática los peligros químicos, físicos, biológicos y ergonómicos presentes en cada puesto de trabajo.
- **Combatir los riesgos en su origen.** Implementar medidas técnicas como sistemas de extracción localizada, ventilación forzada o aislamiento de procesos para reducir la exposición directa.
- **Adaptar el trabajo a la persona.** Diseñar procedimientos que reduzcan la fatiga física y mental, evitando los movimientos repetitivos y las posturas forzadas en los laboratorios y las plantas.
- **Tener en cuenta la evolución de la técnica.** Incorporar tecnologías innovadoras en materia de seguridad, control de emisiones y monitorización ambiental.

- **Sustituir lo peligroso por lo que entrañe poco o ningún peligro.** Sustituir de manera progresiva los disolventes, los reactivos o los productos tóxicos por otros equivalentes menos dañinos.
- **Planificar la prevención.** Integrar la seguridad en todas las fases de la actividad, desde el diseño de las instalaciones hasta la gestión de los residuos.
- **Anteponer la protección colectiva a la individual.** Priorizar el uso de sistemas de ventilación, contención y señalización sobre el uso exclusivo de equipos de protección individual.
- **Dar las debidas instrucciones a los trabajadores.** Garantizar la formación continua y específica sobre el manejo seguro de las sustancias y los procedimientos de emergencia.

Todos los principios anteriores, en conjunto, constituyen la base de la cultura preventiva en el sector químico, asegurando que la seguridad forma parte de todos los procesos productivos.

IMPORTANTE

En el sector químico, la seguridad debe planificarse desde el origen. Para reducir los riesgos:

- Se deben sustituir siempre que sea posible las sustancias peligrosas por otras alternativas menos dañinas.
- Hay que controlar los riesgos en el punto de origen con medidas técnicas como ventilación o aislamiento.
- Se debe priorizar la protección colectiva (sistemas de contención, señalización) frente a la individual.
- Se tiene que formar y sensibilizar al personal para que cada tarea se realice de forma segura.

3. Identificación de los riesgos específicos del sector químico

La identificación de los riesgos específicos en el sector químico es esencial para la prevención, ya que ayuda a reconocer las posibles amenazas en los laboratorios, las plantas de producción, los almacenes y durante el transporte de las sustancias peligrosas. Debido a la peligrosidad y a la gravedad de los riesgos químicos, la evaluación debe ser rigurosa, constante y adaptarse a la evolución de los procesos, considerando la mayoría de los factores, como la ventilación, la organización de las tareas, el mantenimiento de los equipos y la formación del personal.

Es importante hacer frente a los peligros inmediatos, como los incendios, las fugas o las explosiones, así como a los efectos a largo plazo, tales como las intoxicaciones crónicas, el cáncer ocupacional y los daños neurológicos o reproductivos. No hay que olvidarse de los riesgos secundarios derivados de la reacción entre las diferentes sustancias y la respuesta ante las emergencias químicas, junto con el análisis de las condiciones laborales desde puntos de vista ergonómicos, psicosociales y ambientales, ya que la exigencia y la presión pueden afectar a la seguridad física y al bienestar psicológico de los trabajadores.

Los principales factores que se deben considerar son:

- **Almacenamiento inadecuado de los productos químicos.** Incompatibilidad de las sustancias inflamables, corrosivas o reactivas que pueden generar incendios, explosiones o fugas.
- **Manipulación de sustancias peligrosas.** Contacto accidental con productos tóxicos, corrosivos o irritantes por la falta de procedimientos seguros.
- **Riesgo de fugas y derrames.** Escapes en tuberías, depósitos o equipos de trasvase que carecen de los sistemas de contención adecuados.
- **Uso de maquinaria y de equipos a presión.** Fallos en las calderas, los reactores o los depósitos presurizados que pueden provocar accidentes graves.
- **Sistemas eléctricos en atmósferas explosivas (ATEX).** Posibilidad de ignición debida a las chispas en las zonas con presencia de vapores inflamables.
- **Incendios y explosiones.** Originados por reacciones químicas no controladas, acumulación de gases o fallos en los sistemas de ventilación.
- **Señalización deficiente de los riesgos.** Ausencia o mala ubicación de las etiquetas, los pictogramas y las advertencias en las instalaciones y los envases.
- **Falta de planes de emergencia específicos.** Inexistencia de protocolos de evacuación, extinción o confinamiento adaptados a los riesgos químicos.

 **RECUERDA**

En el sector químico, muchas emergencias graves se deben a los errores en el almacenamiento, la manipulación o la señalización de las sustancias peligrosas. Un envase mal cerrado, un trasvase improvisado o una ventilación deficiente pueden provocar incendios, fugas o explosiones.

3.1. Ligados a las condiciones de seguridad

La seguridad en el sector químico depende principalmente de la manera en la que se gestionan los procesos y las condiciones en las que se manipulan las sustancias, ya que un fallo en el almacenamiento, el uso de equipos inadecuados o la ausencia de medidas de control apropiadas pueden ocasionar incidentes graves que afectan a las personas trabajadoras, a la población y al medioambiente. Los principales factores de riesgo se identifican mediante el análisis de los incidentes recurrentes y las condiciones de trabajo en los laboratorios y las instalaciones industriales, relacionados con el control de las sustancias peligrosas, los equipos y los procesos.

 **IMPORTANTE**

Conocer y prevenir los factores de riesgo es esencial para proteger tanto a las personas como las instalaciones y el entorno, ya que una gestión apropiada ayuda a reducir los accidentes graves, evitar las pérdidas materiales y cumplir con la normativa vigente.

Los principales factores de seguridad en el sector químico son:

- **Almacenamiento inseguro de sustancias.** Ubicación conjunta de productos incompatibles como ácidos con bases o inflamables con oxidantes.
- **Falta de segregación en áreas de riesgo.** Inexistencia de zonas diferenciadas para productos inflamables, corrosivos o tóxicos.
- **Deficiencias en equipos a presión y tuberías.** Posibilidad de fugas, explosiones o reventones por un mantenimiento insuficiente.

- **Uso de equipos eléctricos no adecuados en atmósferas ATEX.** Riesgo de ignición por chispas en presencia de vapores inflamables.
- **Manipulación inadecuada de sustancias.** Trasvases sin bombas específicas, envases abiertos o con un etiquetado incorrecto.
- **Carencia de sistemas de detección y alarma.** Retraso en la identificación de fugas, incendios o atmósferas peligrosas.
- **Insuficiencia de planes de emergencia internos.** Ausencia de protocolos específicos para casos de fugas, incendios o explosiones.
- **Señalización y etiquetado incorrecto.** Recipientes sin pictogramas CLP o zonas de riesgo sin avisos visibles.

Las fugas de productos químicos se propagan mayoritariamente por el aire.

 SABÍAS QUE...

La gran mayoría de los accidentes graves en el sector químico se deben a errores en el almacenamiento o la manipulación de las sustancias. Algo tan sencillo como guardar un ácido junto a una base fuerte o un oxidante cerca de un disolvente inflamable puede generar una reacción violenta, incendios o explosiones. Por eso, la segregación y el etiquetado correcto son medidas básicas que salvan vidas.

3.2. Ligados al medioambiente de trabajo y organizativos en el sector químico

En la industria química, no es suficiente controlar los riesgos técnicos y las condiciones de seguridad en los equipos y las instalaciones. El entorno laboral y la forma en la que se organiza el trabajo influyen directamente en la seguridad y en la salud de los trabajadores. Una ventilación deficiente, una carga de trabajo mal planificada o la falta de coordinación entre los turnos pueden aumentar de forma significativa la probabilidad de aparición de incidentes.

Por ello, resulta fundamental integrar los factores ambientales (condiciones físicas del lugar de trabajo) y los factores organizativos (planificación, procedimientos y gestión preventiva) en la evaluación de los riesgos, ya que ambos determinan la exposición real a las sustancias químicas y la eficacia de las medidas de protección.

Factores ambientales

Los factores ambientales se deben a las condiciones físicas del entorno de trabajo, que, de no controlarse adecuadamente, incrementan el riesgo para las personas y los procesos. Su análisis permite identificar los elementos que afectan a la seguridad y a la salud de manera directa.

Actualmente, gestionar estos factores resulta fundamental para prevenir los accidentes, mejorar la calidad del aire y garantizar que los espacios laborales sean más seguros. La ventilación, la iluminación, el ruido o la temperatura forman parte de las variables críticas que deben considerarse en toda planificación preventiva.

Entre los factores ambientales más habituales que se deben controlar, destacan:

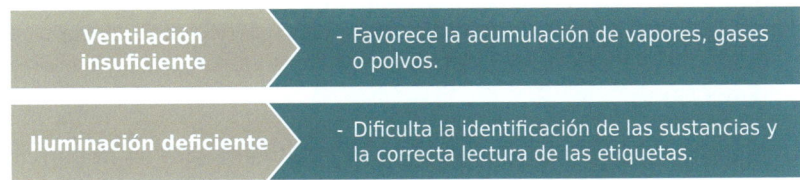

Ventilación insuficiente
- Favorece la acumulación de vapores, gases o polvos.

Iluminación deficiente
- Dificulta la identificación de las sustancias y la correcta lectura de las etiquetas.

Continúa en página siguiente >>

<< Viene de página anterior

Ruidos y vibraciones	- Procedentes de las bombas, los reactores y los sistemas de presión.
Condiciones térmicas extremas	- Generadas por los hornos, las calderas o los procesos de reacción exotérmica.
Espacios confinados	- Como tanques, silos o depósitos con riesgo de atmósferas peligrosas.

 SABÍAS QUE...

En el sector químico, más del 40 % de los incidentes laborales están relacionados con las deficiencias organizativas y ambientales, no solo se deben a los fallos técnicos. Una ventilación mal diseñada o una instrucción poco clara pueden ser tan peligrosas como un almacenamiento incorrecto de las sustancias.

Factores organizativos

Los factores organizativos en el sector químico se deben a la manera en la que las empresas planifican, gestionan y supervisan las tareas vinculadas al manejo de las sustancias y los equipos. Una organización deficiente incrementa de manera significativa la exposición a los riesgos, incluso cuando se hayan definido medidas técnicas de seguridad.

La prevención en este sector es un aspecto clave para reducir los errores humanos, mejorar la coordinación interna y garantizar que los procedimientos críticos se desarrollan bajo unas condiciones controladas. La formación, la supervisión y la integración preventiva son pilares básicos en esta dimensión.

Entre los factores organizativos más habituales que se deben controlar, destacan:

Falta de formación específica	- Ausencia de capacitación en el manejo de las sustancias peligrosas y los equipos.
Sobrecarga de trabajo y presión por el cumplimiento de los plazos	- Incremento de la posibilidad de que sucedan errores humanos.
Ausencia de procedimientos escritos	- Carencia de protocolos claros para operaciones críticas como las mezclas, los trasvases o las emergencias.
Deficiente coordinación	- Problemas entre los turnos o los departamentos que generan duplicidad de riesgos o falta de información.
Supervisión insuficiente	- Falta de control en las tareas críticas o realizadas por personal sin experiencia.
Subcontratación sin integración preventiva	- Incremento de la exposición a riesgos desconocidos.

RECUERDA

En la industria química, la seguridad no depende solo de los equipos o de los productos químicos, sino también de cómo se organiza el trabajo y de las condiciones ambientales del entorno. Una ventilación adecuada, una formación continua o una buena coordinación entre el personal son elementos clave para evitar incidentes graves y garantizar un entorno laboral seguro.

APLICACIÓN PRÁCTICA

Un equipo técnico está realizando tareas de mantenimiento en una instalación química que manipula productos peligrosos. La empresa ha establecido unos plazos muy ajustados para reanudar la producción, lo que aumenta la presión por mantener la continuidad del proceso.

Continúa en página siguiente >>

<< Viene de página anterior

Durante la intervención, se presentan dos situaciones críticas:

a. **Existen dudas sobre si la línea ha sido correctamente purgada y despresurizada, debido a una comunicación deficiente entre los responsables de la operación y el personal de mantenimiento.**
b. **Se comprueba que algunos trabajadores no han recibido formación específica sobre la consignación de los equipos, el uso de los EPI químicos y los procedimientos de emergencia.**

Como responsable de los trabajos, debes decidir si continuar para cumplir con los plazos o detener temporalmente las tareas hasta garantizar la seguridad de las operaciones.

¿Cuál es la decisión más adecuada que debes tomar como responsable en este caso?

Solución

Detener los trabajos hasta verificar que la instalación está libre de productos peligrosos y que el personal cuenta con la formación y los equipos necesarios. Esta decisión es la más adecuada porque prioriza la seguridad frente a la presión por la producción, principio esencial en el sector químico.

3.3. Distinción de otros riesgos (ergonómicos y psicosociales)

En el sector químico, además de los riesgos derivados del manejo de sustancias peligrosas, existen otros factores que inciden de manera significativa en la salud y en el bienestar de las personas trabajadoras. Entre ellos, destacan los riesgos ergonómicos y psicosociales, que, aunque no suelen ocasionar incidentes inmediatos, pueden provocar a medio y largo plazo trastornos físicos y mentales, disminuir la calidad de vida laboral y aumentar la probabilidad de errores en tareas de carácter crítico.

Estos riesgos suelen deberse a la exigencia física del trabajo, la organización de las tareas, el nivel de automatización de los procesos y la presión psicológica propia de un sector donde un pequeño error puede tener consecuencias muy graves.

IMPORTANTE

El factor humano es un aspecto clave, puesto que más del 60 % de los accidentes en el sector químico tienen relación con los errores humanos, muchas veces influenciados por el cansancio, el estrés o la falta de formación.

Riesgos ergonómicos en el sector químico

Los riesgos ergonómicos en el sector químico se deben a las condiciones laborales que implican esfuerzos físicos intensos, posturas forzadas o movimientos repetitivos. Si estos factores no se gestionan adecuadamente, pueden provocar fatiga, trastornos musculoesqueléticos y una reducción significativa del rendimiento laboral, afectando a la seguridad y al bienestar de las personas trabajadoras.

La ergonomía aplicada a este sector resulta un factor clave para prevenir los trastornos musculares y optimizar la interacción entre las personas, los equipos y el entorno. La identificación de estos riesgos permite diseñar las medidas preventivas adecuadas que protejan la salud del personal y mejoren la eficiencia de los procesos.

Entre los factores ergonómicos más habituales que se deben controlar, destacan:

Manipulación manual de cargas	- Transporte de sacos de reactivos, bombonas o bidones.
Posturas forzadas	- Trabajo en espacios confinados o manipulación de las válvulas y los equipos de difícil acceso.
Movimientos repetitivos	- Tareas de laboratorio como pipeteo, mezclas o dosificación manual.
Uso prolongado de pantallas	- Puestos de control de procesos con empleo de pantallas de visualización continua.
Vibraciones de cuerpo entero	- Debidas a la exposición en las operaciones de maquinaria industrial.

NOTA

La exposición a las sustancias químicas no siempre genera efectos inmediatos, pero puede provocar enfermedades profesionales crónicas, como asma ocupacional, dermatitis o incluso cáncer.

Riesgos psicosociales en el sector químico

Los riesgos psicosociales dentro del sector químico se deben a las exigencias emocionales, cognitivas y organizativas que caracterizan a un entorno de trabajo de alta responsabilidad. La manipulación de sustancias peligrosas, junto con la necesidad de mantener una supervisión continua de los procesos, convierte al sector en un ámbito especialmente vulnerable a la presión laboral, al estrés sostenido y a la sobrecarga mental, factores que pueden afectar al bienestar psicológico y al desempeño profesional del personal.

La gestión de los riesgos psicosociales se considera un aspecto clave para proteger la salud mental, prevenir los errores humanos y mantener la eficiencia de los procesos. La identificación temprana de los factores de estrés y del aislamiento permite diseñar medidas organizativas y de apoyo adaptadas al personal.

Entre los factores psicosociales más habituales que se deben controlar, destacan:

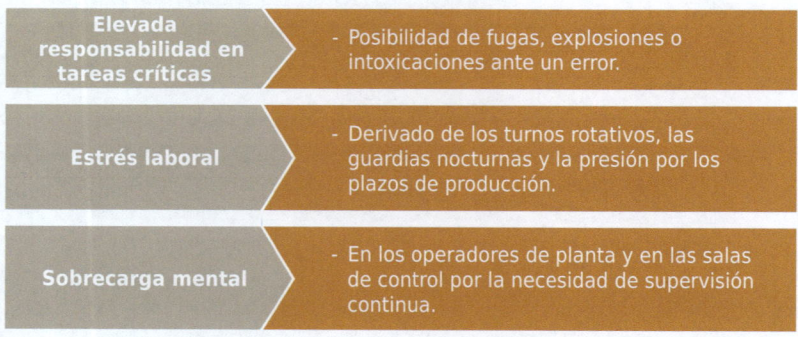

Elevada responsabilidad en tareas críticas	- Posibilidad de fugas, explosiones o intoxicaciones ante un error.
Estrés laboral	- Derivado de los turnos rotativos, las guardias nocturnas y la presión por los plazos de producción.
Sobrecarga mental	- En los operadores de planta y en las salas de control por la necesidad de supervisión continua.

Continúa en página siguiente >>

<< Viene de página anterior

| **Falta de comunicación o coordinación** | - Problemas entre los equipos de laboratorio, producción y mantenimiento. |
| **Riesgo de aislamiento** | - En los puestos como personal de laboratorio o control remoto de procesos. |

 **RECUERDA**

Los riesgos ergonómicos y psicosociales son menos visibles que los químicos o los físicos, pero impactan directamente en la seguridad. Un trabajador fatigado, con sobrecarga física o sometido a presión psicológica, tiene más probabilidades de cometer errores en tareas críticas.

4. Aplicación de medidas preventivas específicas del sector químico

La prevención exige un enfoque integral que combine medidas técnicas, organizativas y de protección colectiva e individual, abarcando desde el diseño inicial de las instalaciones hasta la manipulación, el almacenamiento y el transporte de los productos químicos debido a la peligrosidad inherente de muchas sustancias empleadas. Las medidas deben adaptarse a cada riesgo y priorizar la eliminación del peligro en el origen, favoreciendo la protección colectiva sobre la individual y apoyándose en la correcta formación de las personas trabajadoras, una adecuada señalización y el establecimiento de los protocolos de emergencia adecuados.

La prevención debe ser reactiva y proactiva, anticipándose a los peligros mediante la sustitución de las sustancias peligrosas, incorporando tecnologías más seguras e integrando la cultura preventiva en la organización, asegurando un entorno laboral seguro que cumpla con las exigencias normativas del sector.

4.1. Medidas técnicas

Las medidas técnicas son esenciales para controlar los riesgos en su origen y reducir la exposición de los trabajadores a las sustancias peligrosas. Estas medidas se centran en la fase de diseño de las instalaciones, el uso de los equipos apropiados y la implementación de las tecnologías de seguridad que aseguren la integridad de los procesos. Su objetivo principal es garantizar la seguridad operativa y minimizar las consecuencias de los posibles incidentes.

La correcta aplicación de estos sistemas técnicos de prevención es clave para anticiparse a las emergencias, proteger la salud de los trabajadores y mantener la continuidad de las operaciones industriales. Estas medidas son un pilar fundamental en la gestión de la seguridad química, permitiendo una respuesta eficiente ante los riesgos y contribuyendo a lograr un entorno laboral seguro.

Entre las principales medidas técnicas, se encuentran:

- **Sistemas de ventilación y extracción localizada.** Prevención de la acumulación de vapores, gases o polvos.
- **Instalaciones de contención secundaria.** Uso de cubetos de retención o bandejas de seguridad para recoger los derrames y las fugas accidentales.
- **Equipos a presión con válvulas de seguridad.** Incorporación de sistemas de alivio para evitar las explosiones o las sobrepresiones.
- **Sistemas automáticos de detección y alarma.** Protección frente a las fugas de gases, los incendios o las atmósferas explosivas (ATEX).
- **Materiales y recubrimientos resistentes.** Aplicación en tuberías, depósitos y equipos para prevenir la corrosión.
- **Automatización de los procesos peligrosos.** Reducción de la manipulación directa de sustancias químicas por parte del personal.
- **Almacenamiento segregado y seguro.** Separación de los productos incompatibles como inflamables, corrosivos, oxidantes o tóxicos.
- **Sistemas de inertización.** Uso de gases inertes como el nitrógeno en los reactores o los tanques para evitar las reacciones no deseadas.
- **Control de temperatura y presión.** Mantenimiento de condiciones seguras en los reactores, los hornos y las calderas.
- **Equipos de extinción y emergencia.** Disponibilidad de extintores, rociadores automáticos y sistemas de respuesta ubicados estratégicamente.

SABÍAS QUE...

Las medidas técnicas deben revisarse periódicamente y adaptarse a la evolución de los procesos. Una válvula de seguridad, un detector de gases o un sistema de ventilación pueden marcar la diferencia entre un incidente controlado y un accidente grave.

- -

4.2. Medidas organizativas

Las medidas organizativas son imprescindibles para asegurar que tanto las instalaciones como los procesos se desarrollan bajo unos estrictos criterios de seguridad, reduciendo la probabilidad de sufrir un incidente debido a errores humanos o fallos en la gestión. Estas estrategias se centran en una planificación laboral adecuada, la formación continua del personal y la implementación de procedimientos claros y efectivos, complementando las soluciones técnicas con la gestión eficaz de las personas, los procesos y la documentación.

La aplicación correcta de las medidas organizativas permite estructurar la prevención desde la planificación, lo que asegura la aplicación de las normas de seguridad y el fomento de una cultura preventiva sólida, contribuyendo a la reducción de los errores humanos, mejorando la coordinación de los equipos y asegurando la sostenibilidad de los sistemas de seguridad tanto en los laboratorios como en las instalaciones industriales.

Entre las principales medidas organizativas del sector químico, se encuentran:

- ⮕ **Evaluación de riesgos periódica.** Identificación de las nuevas amenazas derivadas de cambios en los procesos, las sustancias o los equipos.
- ⮕ **Elaboración y actualización de procedimientos de trabajo seguro.** Especial atención en operaciones críticas como los trasvases, las mezclas y las reacciones.
- ⮕ **Formación continua del personal.** Capacitación en el manejo seguro de sustancias químicas, el uso de los equipos y la respuesta ante las emergencias.
- ⮕ **Señalización clara y visible.** Aplicación en las áreas de riesgo como almacenamiento, laboratorios y zonas ATEX.
- ⮕ **Control estricto de los accesos.** Limitación de la entrada únicamente al personal autorizado en las zonas sensibles.

- ○ **Gestión documental actualizada.** Fichas de seguridad, protocolos de emergencia e instrucciones operativas vigentes.
- ○ **Planificación de emergencias y simulacros regulares.** Preparación del personal para que reaccione de forma rápida y eficaz ante una emergencia.
- ○ **Rotación de tareas y turnos equilibrados.** Reducción de la fatiga física y mental en las operaciones repetitivas o de gran responsabilidad.
- ○ **Supervisión constante de las críticas.** Mediante la implantación de perfiles responsables de seguridad o coordinadores de área.
- ○ **Coordinación con empresas subcontratadas.** Integración de los trabajadores en los planes de prevención y emergencia.

 IMPORTANTE

En el sector químico, la organización y la disciplina en los procedimientos son tan importantes como las medidas técnicas. Un procedimiento mal aplicado o un trabajador sin formación adecuada pueden convertir una operación rutinaria en una situación de riesgo grave.

4.3. Medidas ambientales

El impacto ambiental de la industria química puede ser tan crítico como los riesgos laborales, ya que la liberación de contaminantes al aire, al agua o al suelo tiene consecuencias graves y duraderas tanto para la salud pública como para el ecosistema. Por esta razón, la adopción de medidas ambientales preventivas es esencial para la gestión integral de la seguridad en el sector, respondiendo a la normativa vigente y a la responsabilidad social empresarial.

La implementación de estas medidas permite reducir el impacto sobre el entorno, minimizar las emisiones, gestionar correctamente los residuos peligrosos y optimizar el uso de los recursos, promoviendo una industria química sostenible y respetuosa con el medioambiente.

Entre las principales medidas ambientales, destacan:

- **Sistemas de tratamiento de emisiones atmosféricas.** Instalación de filtros, torres de lavado y equipos de absorción para reducir la liberación de gases tóxicos o partículas.
- **Gestión de efluentes líquidos.** Depuración previa de vertidos químicos mediante la neutralización, la precipitación o los tratamientos biológicos.
- **Control de residuos peligrosos.** Segregación, etiquetado y almacenamiento seguro de envases contaminados, lodos y subproductos tóxicos.
- **Planes de gestión de residuos químicos.** Cumplimiento normativo y trazabilidad desde la generación hasta la eliminación final.
- **Sistemas de contención de fugas.** Prevención de la contaminación de los suelos y las aguas subterráneas.
- **Uso de tecnologías limpias.** Reducción del consumo de energía y agua en los procesos productivos.
- **Sustitución de sustancias peligrosas.** Empleo de alternativas menos contaminantes cuando sea viable.
- **Planes de vigilancia ambiental.** Monitorización de la calidad del aire, el agua y los suelos en el entorno de la planta.

 **RECUERDA**

En el sector químico, la prevención ambiental es inseparable de la seguridad laboral. Un derrame no controlado o un vertido inadecuado pueden afectar a los trabajadores, a la población cercana y al ecosistema durante años.

4.4. Protección colectiva

La protección colectiva se considera prioritaria frente a la individual porque reduce los riesgos para todos los trabajadores presentes en la instalación. Estas medidas están diseñadas para actuar directamente sobre el foco de peligro o el entorno laboral, disminuyendo la exposición a las sustancias peligrosas y mejorando la seguridad general de la empresa.

Los sistemas de protección colectiva funcionan como barreras técnicas que protegen simultáneamente a los trabajadores frente a los riesgos específicos de las operaciones con sustancias peligrosas. A diferencia de los equipos de protección individual, estas medidas se aplican al entorno y a los procesos, limitando la exposición al riesgo y fortaleciendo la cultura preventiva.

Entre los principales equipos de protección colectiva, se encuentran los siguientes:

- ➲ **Ventilación general y extracción localizada.** Dilución o eliminación de vapores, gases o partículas contaminantes en las áreas de trabajo.
- ➲ **Cabinas de seguridad y vitrinas de gases.** Aislamiento del trabajador frente a la manipulación directa de sustancias químicas.
- ➲ **Sistemas de contención secundaria.** Cubetos, diques o bandejas para recoger los derrames y evitar la propagación de las fugas.
- ➲ **Sistemas de inertización.** Creación de atmósferas inertes en los reactores o los depósitos para impedir explosiones o reacciones no controladas.
- ➲ **Rociadores automáticos y sistemas contra incendios.** Incorporación de detectores de gases y equipos de extinción distribuidos estratégicamente.
- ➲ **Señalización y balizamiento de seguridad.** Advertencias sobre los riesgos químicos, eléctricos o de explosión.
- ➲ **Zonas de almacenamiento segregadas y ventiladas.** Espacios seguros para los productos inflamables, corrosivos o tóxicos.
- ➲ **Duchas de seguridad y lavaojos.** Disponibilidad en las zonas con riesgo de contacto accidental con sustancias corrosivas o irritantes.
- ➲ **Sistemas de control remoto y automatización.** Reducción de la exposición directa del personal en las operaciones críticas.

Las zonas ATEX con riesgo de explosión deben señalizarse mediante las señales homologadas.

IMPORTANTE

En la prevención química, la prioridad siempre debe ser eliminar o reducir el riesgo desde el origen. Los equipos de protección colectiva (como las vitrinas, la ventilación o los sistemas de detección) son más efectivos que depender únicamente de los EPI, ya que actúan de manera preventiva para toda la plantilla.

- -

4.5. Protección individual (equipos de protección individual)

Los equipos de protección individual (EPI), en el sector químico, son la última barrera entre el trabajador y el riesgo, debiendo usarse únicamente cuando no sea posible eliminar o controlar el riesgo mediante las medidas técnicas u organizativas. Su uso correcto es fundamental para reducir la exposición a las sustancias tóxicas, corrosivas, inflamables o irritantes, así como a otros peligros presentes en los laboratorios, las plantas de producción y las áreas de almacenamiento.

Los EPI son indispensables en las tareas críticas del sector químico, y su función principal es proteger al trabajador de la exposición directa a las sustancias químicas, a los agentes físicos y a las condiciones adversas. Para garantizar su efectividad y cumplir con la normativa vigente, es esencial la correcta selección, uso y mantenimiento de estos equipos.

Entre los principales equipos de protección individual utilizados en el sector químico, se encuentran:

Protección respiratoria	- Mascarillas autofiltrantes, respiradores con filtros químicos específicos o equipos de respiración autónoma en las situaciones de alto riesgo.
Protección ocular y facial	- Gafas de seguridad estancas, pantallas faciales completas y visores resistentes a las salpicaduras químicas.
Protección cutánea	- Guantes resistentes a productos químicos (nitrilo, neopreno, butilo), delantales y trajes impermeables.

Continúa en página siguiente >>

<< Viene de página anterior

Protección corporal	- Ropa de trabajo química específica y trajes de protección contra las partículas o los productos líquidos.
Protección de pies	- Calzado de seguridad con suela resistente a los productos químicos y a los deslizamientos.
Protección auditiva	- Tapones o protectores de oído en zonas con altos niveles de ruido generado por bombas, reactores o ventiladores.
Protección de cabeza	- Cascos con resistencia química y, en algunos casos, con protección dieléctrica.

IMPORTANTE

El uso de los EPI en el sector químico debe ir acompañado siempre de una formación específica que garantice su colocación, su ajuste y su mantenimiento de forma adecuada. Un guante mal seleccionado o una mascarilla mal ajustada pueden generar una falsa sensación de seguridad y exponer al trabajador a un riesgo crítico.

Las mascarillas y los equipos de protección deben adecuarse para el químico correspondiente.

TAREA 5

La empresa Tecnoquim S. L., dedicada a la formulación de productos de limpieza industrial, está elaborando un nuevo procedimiento de trabajo para la mezcla y el trasvase de sustancias corrosivas en el laboratorio de producción.

El Departamento de Prevención ha proporcionado fichas de seguridad de los productos químicos implicados (ácido nítrico, sosa cáustica y peróxido de hidrógeno), pero aún no se ha definido el procedimiento de trabajo seguro ni las medidas preventivas específicas.

Como parte del equipo técnico, debes:

a. Elaborar una lista de cuatro riesgos potenciales asociados a la tarea de mezcla y trasvase.
b. Indicar los equipos de protección individual (EPI) necesarios en cada fase del procedimiento.

5. Normativa aplicable en materia de prevención en el sector químico

La normativa en el sector químico es especialmente estricta debido a los riesgos inherentes al manejo de sustancias peligrosas y a su potencial impacto sobre la salud, la seguridad y el medioambiente. Este marco legal establece las bases para garantizar la protección de los trabajadores, la seguridad de las instalaciones y la prevención de accidentes graves.

El cumplimiento de estas disposiciones, además de responder a una obligación legal, también constituye una responsabilidad ética y empresarial, asegurando que los procesos productivos se desarrollen con los mayores estándares de seguridad.

IMPORTANTE

El factor humano es clave: más del 60 % de los accidentes en la industria química tienen relación con errores humanos, muchas veces influenciados por el cansancio, el estrés o la falta de formación.

5.1. Legislación nacional

La legislación nacional en materia de seguridad química se debe a la necesidad de proteger la salud de los trabajadores, la integridad de las instalaciones y el medioambiente frente a los riesgos derivados del uso de sustancias peligrosas. Este marco legal se construye a partir de las normas estatales que establecen los requisitos técnicos y organizativos que son de obligado cumplimiento.

El cumplimiento de esta normativa constituye un pilar esencial en la gestión preventiva de las empresas químicas. La correcta aplicación de estas disposiciones, además de garantizar el respeto y el cumplimiento de la ley, también refuerza la seguridad operativa, la sostenibilidad y la confianza social en la industria.

Entre las leyes nacionales que afectan al sector, se encuentran:

Ley de Prevención de Riesgos Laborales
- Normativa básica de prevención de riesgos que incluye el Reglamento de los Servicios de Prevención.

Reglamento REACH (CE n.º 1907/2006)
- Sobre el registro, la evaluación, la autorización y la restricción del uso de sustancias químicas.

Reglamento CLP (CE n.º 1272/2008)
- Sobre la clasificación, el etiquetado y el envasado de las sustancias y las mezclas químicas.

Continúa en página siguiente >>

<< Viene de página anterior

Directiva Seveso III (2012/18/UE)
- Sobre la prevención de accidentes graves con sustancias peligrosas y la limitación de sus consecuencias.

Normativa sobre atmósferas explosivas (ATEX 2014/34/UE y 1999/92/CE)
- Sobre los requisitos de los equipos y las medidas de protección en las zonas con riesgo de explosión.

IMPORTANTE

El cumplimiento normativo en el sector químico, además de ser un requisito legal, es una condición imprescindible para poder operar. Las inspecciones son frecuentes y las sanciones muy elevadas en caso de incumplimiento.

5.2. Legislación europea

El sector químico está regulado, además de por la normativa nacional, por un extenso marco europeo, debido a que la producción, la comercialización y el transporte de sustancias químicas superan las fronteras nacionales. La armonización de las normas garantiza la seguridad a lo largo de toda la cadena de suministro, facilita el comercio internacional y establece un lenguaje común para la prevención, el etiquetado y la gestión de los riesgos.

El cumplimiento de la legislación europea es esencial para que las empresas químicas puedan operar globalmente, protegiendo a los trabajadores, a la población y el medioambiente. Estas normas promueven marcos comunes que aseguran la salud laboral y la protección ambiental más allá de las fronteras nacionales, armonizando las prácticas, facilitando el comercio seguro y fortaleciendo la prevención de los riesgos a nivel mundial, respetando la competitividad de la industria química.

Entre las normativas y los convenios europeos que afectan al sector químico se encuentran:

Reglamento REACH (CE n.º 1907/2006
- Sobre los requisitos comunes en la Unión Europea para el registro, la evaluación y la autorización de las sustancias químicas.

Reglamento CLP (CE n.º 1272/2008)
- Armonización de la clasificación, el etiquetado y el envasado de los productos químicos, alineado con el sistema internacional GHS.

Convenio de Basilea (1989)
- Sobre la regulación del movimiento transfronterizo y la eliminación de los residuos peligrosos.

Convenio de Rotterdam (1998)
- Sobre el control del comercio internacional de ciertos productos químicos peligrosos y plaguicidas.

Convenio de Estocolmo (2001)
- Sobre la regulación de los contaminantes orgánicos persistentes (COP).

5.3. Normativa internacional y guías técnicas

La regulación internacional en materia de seguridad química tiene como objetivo armonizar los criterios de identificación, manejo y comunicación de los riesgos asociados a las sustancias y las mezclas peligrosas. Estas normas y convenios proporcionan un marco de actuación común que permite garantizar la protección de los trabajadores, el medioambiente y la salud pública en todo el mundo.

Además, las guías técnicas internacionales, junto con los estándares ISO, contribuyen a mejorar la gestión preventiva en las empresas del sector químico, promoviendo la sostenibilidad, la eficiencia energética y la integración de la seguridad en todos los niveles empresariales.

Entre las normativas y los convenios internacionales destacan:

Sistema globalmente armonizado de clasificación y etiquetado de productos químicos (GHS)	- Establece los criterios uniformes a nivel mundial para la clasificación de los peligros y el etiquetado de las sustancias globalmente armonizado de clasificación y etiquetado de productos químicos adoptado por la ONU.
Convenio n.º 170 de la Organización Internacional del Trabajo (OIT)	- Regula la seguridad en el uso de los productos químicos en el trabajo, promoviendo la información, el etiquetado y la formación de los trabajadores.
Normas ISO específicas	- ISO 14001: gestión ambiental en las organizaciones industriales. - ISO 45001: gestión de la seguridad y la salud en el trabajo. - ISO 50001: gestión eficiente de la energía en los entornos industriales.

 RECUERDA

La normativa internacional en el sector químico busca garantizar que una sustancia peligrosa sea identificada y gestionada de la misma manera en cualquier país, reduciendo los riesgos en el trabajo, el transporte y el medioambiente.

La UE tiene su propia Agencia Europea de Sustancias y Mezclas Químicas (ECHA) para la aplicación de la legislación sobre las sustancias químicas.

ACTIVIDAD COMPLEMENTARIA

5. Accede al Real Decreto 374/2001, de 6 de abril, sobre la protección de la salud y seguridad de los trabajadores contra los riesgos relacionados con los agentes químicos durante el trabajo para identificar y analizar las obligaciones que corresponden al empresario y a los trabajadores en materia de seguridad química. Para ello, revisa los apartados del decreto relacionados con:

- Evaluación de riesgos y medidas de prevención.
- Almacenamiento y etiquetado de sustancias químicas peligrosas.
- Formación e información del personal expuesto.
- Uso, mantenimiento y control de los equipos de protección individual (EPI).
- Gestión de emergencias y comunicación de incidentes.

Realiza un listado comparativo donde se indiquen de forma clara:

a. Las obligaciones específicas del empresario (prevención, información, supervisión y control).
b. Las obligaciones de los trabajadores (uso correcto de equipos, cumplimiento de normas y comunicación de incidencias).
c. Las responsabilidades compartidas en materia de seguridad y prevención.

---

6. Riesgos específicos por puesto de trabajo

La diversidad de las tareas y los perfiles profesionales en el sector químico hace que los riesgos laborales varíen significativamente de un puesto a otro. No es lo mismo la exposición en un laboratorio de análisis que en una planta de producción o durante el transporte de las sustancias peligrosas. Por ello, resulta necesario identificar los riesgos específicos de cada puesto, teniendo en cuenta las condiciones de trabajo, los equipos utilizados y las sustancias manipuladas.

La identificación de estos riesgos permite establecer medidas preventivas personalizadas que garanticen que cada trabajador cuenta con los medios de protección y la formación adecuada para desarrollar su actividad con seguridad. Este enfoque evita la aplicación de medidas genéricas insuficientes y asegura una prevención adaptada a la realidad de cada puesto y perfil.

SABÍAS QUE...

Un estudio de la Agencia Europea de Seguridad y Salud en el Trabajo revela que el 70 % de los accidentes graves en química se deben a errores humanos combinados con fallos organizativos.

- -

6.1. Técnico de laboratorio químico

El técnico de laboratorio químico desarrolla su labor principalmente en entornos controlados donde se manipulan sustancias químicas de diversa peligrosidad. Sus funciones incluyen la preparación de los reactivos, el análisis de las muestras, la ejecución de los ensayos y la interpretación de los resultados. Aunque se trata de un puesto que requiere un alto nivel de especialización, los riesgos derivados de la manipulación de los productos químicos, del uso de los equipos de laboratorio y de la organización del trabajo son significativos.

El trabajo de laboratorio combina la precisión y la atención al detalle con la necesidad de aplicar los estrictos protocolos de seguridad. Una mínima desviación en los procedimientos, el uso inadecuado de los equipos o una falta de protección adecuada pueden desencadenar incidentes que afecten tanto al trabajador como al conjunto de la instalación, la empresa o el entorno.

Los riesgos que afectan a este perfil profesional son:

- **Riesgos físicos.** El técnico de laboratorio químico trabaja con materiales e instrumentos que pueden causar accidentes como cortes, quemaduras o golpes. Estos riesgos, aunque no son siempre graves, afectan a la salud y al trabajo, por lo que deben identificarse y prevenirse con medidas adecuadas para garantizar la seguridad en el laboratorio.
- **Riesgos químicos.** El técnico de laboratorio químico se enfrenta a riesgos importantes por la manipulación constante de sustancias peligrosas como los reactivos corrosivos, los disolventes volátiles y las mezclas inflamables. La exposición puede deberse a la inhalación, el contacto con la piel o salpicaduras, causando intoxicaciones o quemaduras si no se usan las oportunas medidas protectoras. Los principales riesgos incluyen vapores tóxicos, contacto con ácidos, intoxicación por exposición prolongada, incendios, explosiones y salpicaduras accidentales.

⊃ **Riesgos ergonómicos.** Las tareas de laboratorio exigen precisión y concentración, lo que implica mantener posturas estáticas prolongadas y
usar equipos que, si no son ergonómicos, pueden causar sobrecargas
musculares en el cuello, la espalda y las extremidades. Los movimientos
repetitivos, como el pipeteado o la manipulación de las muestras, incrementan el riesgo de sufrir trastornos musculoesqueléticos. Los principales riesgos incluyen posturas forzadas, sobrecarga en manos y muñecas,
dolencias lumbares por el mobiliario inadecuado y fatiga visual por el
uso extendido de pantallas y microscopios.

⊃ **Riesgos psicosociales.** El trabajo en el laboratorio requiere precisión y
cumplimiento de plazos, lo que genera estrés y carga mental. La rutina,
el manejo de sustancias peligrosas y la falta de reconocimiento pueden
causar ansiedad y aislamiento. Los principales riesgos incluyen estrés
debido a los resultados y los plazos, monotonía, ansiedad por el manejo
de productos peligrosos y tensiones por la escasa comunicación.

⊃ **Riesgos ambientales.** Los laboratorios químicos pueden afectar a la
salud del personal y a la calidad de los ensayos por factores como la
mala ventilación, iluminación y temperatura. El ruido de los equipos y
la presencia de vapores o partículas también agravan los riesgos ambientales, causando fatiga, y pueden tener efectos acumulativos sobre
el bienestar técnico.

6.2. Operador de planta química

El operador de planta química se encarga de supervisar, controlar y ejecutar
los procesos industriales en los que se producen, transforman o almacenan
las sustancias químicas. Su trabajo se desarrolla en instalaciones complejas
que incluyen reactores, tanques, tuberías, sistemas de presión y equipos automatizados. La responsabilidad de este perfil es garantizar la continuidad
de la producción bajo condiciones de seguridad, minimizando los riesgos
tanto para el personal como para el entorno.

La exposición a sustancias peligrosas, atmósferas explosivas y maquinaria
industrial hace que este sea uno de los puestos con mayor riesgo en el sector. La prevención debe centrarse en el control técnico de los procesos, el
cumplimiento estricto de los protocolos y la vigilancia permanente de las
condiciones de trabajo.

En su desempeño diario, es común que se deba enfrentar a los siguientes
riesgos:

➲ **Riesgos físicos.** El operador de una planta química se enfrenta a riesgos físicos debido al contacto con maquinaria pesada, sistemas de transporte y equipos de presión. Factores como el ruido, las vibraciones y las temperaturas extremas afectan a su salud y a su desempeño, por lo que es clave controlar las condiciones laborales. Los riesgos más comunes son los atrapamientos, los golpes, las quemaduras, la exposición al ruido, las vibraciones y las caídas.

➲ **Riesgos químicos.** El operador de una planta química está expuesto a sustancias peligrosas, compuestos corrosivos, inflamables y tóxicos, lo que supone un factor de riesgo importante. Durante el manejo y la supervisión, las fugas o los errores pueden provocar la inhalación de vapores, el contacto con la piel, incendios o explosiones. Por eso es clave seguir estrictamente los protocolos de seguridad para evitar intoxicaciones y accidentes.

➲ **Riesgos ergonómicos.** Trabajar en una planta química implica supervisar procesos y realizar tareas físicas exigentes. Los operadores deben manejar equipos, abrir válvulas y transportar cargas, lo que provoca posturas incómodas, movimientos repetitivos y sobrecarga muscular. Además, el trabajo en espacios reducidos aumenta el riesgo de lesiones, especialmente en la zona lumbar, los hombros y las extremidades. La manipulación de cargas, las posturas forzadas y el esfuerzo físico continuo son los principales riesgos ergonómicos.

➲ **Riesgos psicosociales.** El operador de planta tiene una alta responsabilidad en la seguridad y en la producción, lo que implica presión continua. Los turnos rotativos, las jornadas nocturnas y la exposición a los riesgos pueden causar estrés, fatiga y desmotivación. Los principales riesgos psicosociales incluyen sobrecarga mental, vigilancia constante, horarios irregulares y presión productiva.

➲ **Riesgos ambientales.** El operador de una planta química se enfrenta a riesgos ambientales como la mala ventilación, el ruido, las vibraciones y la exposición a los contaminantes, que afectan a la salud y a la seguridad. Factores como las temperaturas extremas, la humedad o los espacios confinados aumentan la dificultad y el peligro del trabajo, lo que exige controles eficaces para evitar los impactos negativos en el personal.

6.3. Técnico de seguridad en la industria química

El técnico de seguridad en la industria química desempeña un papel esencial en la prevención de los riesgos laborales y ambientales dentro de las instalaciones. Su misión principal es evaluar los riesgos, implementar los planes de seguridad, supervisar el cumplimiento de la normativa y coordinar las actuaciones en caso de emergencia. Este puesto actúa como enlace entre la dirección, los trabajadores y las autoridades competentes, lo que lo convierte en un perfil estratégico para garantizar un entorno seguro.

Tiene un nivel de responsabilidad elevado, ya que una gestión inadecuada de la prevención puede desencadenar accidentes graves con repercusiones humanas, económicas y medioambientales.

Entre los principales riesgos a los que se enfrenta este perfil, destacan:

- **Riesgos físicos.** El responsable de seguridad supervisa y previene los riesgos, pero su trabajo lo expone a peligros físicos. Las inspecciones en áreas industriales presentan riesgos como caídas, golpes, atrapamientos, ruido, contacto con superficies calientes y tránsito de maquinaria.
- **Riesgos químicos.** El técnico de seguridad en la industria química se enfrenta a riesgos durante las inspecciones y las auditorías, aunque no manipule sustancias. Revisa los equipos y los almacenes, lo que puede exponerlo a vapores, residuos o atmósferas contaminadas. Durante las emergencias, el riesgo aumenta, por lo que es imprescindible que cumpla las medidas de protección.
- **Riesgos ergonómicos.** El técnico de seguridad se enfrenta a los riesgos ergonómicos tanto en las tareas administrativas como en las inspecciones de campo. En la oficina, la exposición prolongada a las pantallas puede provocar fatiga visual y molestias musculares. En la planta, caminar, subir escaleras o trabajar en espacios reducidos incrementa el riesgo de lesiones. Es fundamental aplicar unas buenas prácticas ergonómicas para prevenir las dolencias y mejorar su bienestar.
- **Riesgos psicosociales.** El técnico de seguridad en la industria química asume una gran responsabilidad al proteger al personal, las instalaciones y el entorno. La toma de decisiones rápidas, la presión normativa y la coordinación de los equipos generan estrés y riesgos psicosociales, lo que puede afectar a su bienestar y a su desempeño profesional.
- **Riesgos ambientales.** El técnico de seguridad en la industria química se enfrenta a distintos riesgos ambientales durante las inspecciones, como la ventilación, la iluminación o un exceso de ruido, que afectan a su salud y a su desempeño. Su labor en espacios confinados o cerca de los reactores y las sustancias peligrosas aumenta la exposición a los contaminantes y a las temperaturas extremas. Estas situaciones, aunque temporales, requieren vigilancia preventiva constante para garantizar su seguridad.

IMPORTANTE

El técnico de seguridad en la industria química debe ser referente en la cultura preventiva, garantizando que cada decisión técnica u organizativa tenga en cuenta la protección de los trabajadores y del medioambiente.

- -

6.4. Especialista en gestión de residuos químicos

El especialista en la gestión de los residuos químicos se encarga de la recogida, la segregación, el almacenamiento, el tratamiento y la disposición final de los residuos generados en los laboratorios, las plantas químicas y los procesos industriales. Su labor es esencial para minimizar el impacto ambiental y garantizar el cumplimiento de la normativa sobre residuos peligrosos.

Este puesto implica la manipulación de sustancias tóxicas, inflamables o corrosivas en los diferentes estados (sólidos, líquidos o gaseosos), por lo que la prevención debe centrarse en la clasificación correcta, el almacenamiento seguro y la trazabilidad de los residuos desde su origen hasta su eliminación o valorización.

Los principales riesgos que afectan al especialista en la gestión de los productos químicos son:

- **Riesgos físicos.** El especialista en la gestión de residuos químicos se enfrenta a riesgos físicos al manipular, trasladar y almacenar los desechos peligrosos. Sus tareas implican esfuerzo físico en áreas con superficies irregulares y equipos en movimiento, con peligros como atrapamientos, caídas, cortes, sobreesfuerzos y ruido.
- **Riesgos químicos.** El especialista en gestionar los residuos químicos está expuesto a las sustancias peligrosas, muchas veces desconocidas o mal almacenadas. Su manejo puede liberar vapores tóxicos, líquidos corrosivos o compuestos inflamables, provocando riesgos de inhalación, contacto cutáneo, intoxicaciones, incendios o explosiones debidas a las mezclas incompatibles.
- **Riesgos ergonómicos.** La gestión de los residuos químicos requiere un esfuerzo físico intenso, ya que el personal manipula envases pesados y en mal estado, adoptando posturas forzadas y movimientos repetitivos que pueden causar lesiones musculoesqueléticas. La carga, la descarga y el trabajo en espacios reducidos aumentan la sobrecarga física y el

riesgo de fatiga o dolencias si no se aplican las medidas ergonómicas adecuadas.

- **Riesgos psicosociales.** El personal que gestiona los residuos químicos se enfrenta a una presión elevada debido a la seguridad y al cumplimiento ambiental. La manipulación de materiales peligrosos, el trabajo repetitivo y los turnos largos pueden causar estrés y fatiga, afectando a su bienestar y a su rendimiento.
- **Riesgos ambientales.** La gestión de los residuos químicos implica un contacto directo con el entorno, ya que su manipulación, su almacenamiento y su transporte pueden causar emisiones y derrames que afectan al aire, al agua y al suelo. Estos eventos ponen en riesgo el medioambiente y la salud del personal; factores como los residuos incompatibles, la poca ventilación o el empleo de recipientes deteriorados aumentan la probabilidad de contaminación.

6.5. Personal de control de calidad en productos químicos

El personal responsable de llevar a cabo el control de calidad en el sector químico se encarga de verificar que las materias primas, los procesos y los productos finales cumplen con los estándares establecidos de seguridad, calidad y normativa vigente. Sus funciones incluyen el análisis de muestras, la interpretación de resultados y la elaboración de informes que determinen la viabilidad de los productos para su comercialización.

Este perfil combina los trabajos en el laboratorio y en el campo, lo que lo expone tanto a los riesgos derivados de la manipulación de sustancias químicas como a los propios del entorno industrial. La prevención debe centrarse en la aplicación de los estrictos protocolos de ensayo y la utilización de los equipos de protección adecuados.

Los principales riesgos que afectan al personal de control de calidad en la gestión de los productos químicos son:

- **Riesgos físicos.** El personal de control de calidad en la industria química está expuesto a riesgos físicos tanto en los laboratorios como en las zonas de producción. Sus tareas implican manipular los materiales y moverse por espacios complicados, lo que aumenta el riesgo de cortes, caídas, golpes o quemaduras.
- **Riesgos químicos.** El personal de control de calidad en la industria química se expone a las sustancias peligrosas al muestrear, preparar y analizar los materiales. Manipular los reactivos y los compuestos volátiles aumenta el riesgo, sobre todo fuera de las vitrinas o en zonas con mala

ventilación. Una mala gestión puede causar intoxicaciones o accidentes, por lo que es clave seguir los protocolos de seguridad y usar los EPI adecuadamente.

⮞ **Riesgos ergonómicos.** Las tareas de control de calidad en la industria química implican precisión y repetición, lo que conlleva riesgos ergonómicos. El uso frecuente de los equipos y las posturas estáticas provocan un esfuerzo acumulativo que puede llevar asociadas lesiones musculoesqueléticas si no se cuenta con una buena organización y un mobiliario ergonómico.

⮞ **Riesgos psicosociales.** El personal de este departamento tiene una responsabilidad importante, ya que los errores afectan a la producción, a la investigación o a la normativa. Los plazos estrictos y la concentración requerida generan mucha presión psicológica. La repetición de las tareas, el escaso reconocimiento y la coordinación interdepartamental pueden causar estrés y desmotivación; por ello, es fundamental organizar bien el trabajo.

⮞ **Riesgos ambientales.** Este personal se enfrenta a riesgos ambientales que afectan a su salud y a la precisión de los análisis. Factores como la mala ventilación, una iluminación deficiente o mucho ruido perjudican la concentración y el bienestar. Las variaciones térmicas y trabajar en espacios pequeños o cerca de fuentes de calor aumentan la fatiga y los errores.

7. Procedimientos de actuación en caso de accidente o emergencia eléctrica

La manipulación de las sustancias químicas conlleva riesgos importantes, ya que los errores, los accidentes o los fallos en las medidas de seguridad pueden causar emergencias graves que afecten a la salud de los trabajadores, a la población y al medioambiente. Además de la exposición directa a los productos tóxicos, corrosivos o inflamables, existe el riesgo de liberación de contaminantes al aire, al agua o al suelo durante los procesos o durante el manejo de los residuos, por lo que es fundamental anticiparse a las medidas preventivas y a los procedimientos de actuación inmediata.

La gestión eficaz de estos incidentes requiere el empleo de protocolos detallados que evalúen la magnitud del daño, las etapas iniciales de intervención y las técnicas de contención adecuadas atendiendo a la sustancia involucrada. La evacuación debe ser ordenada, priorizando la asistencia sanitaria inmediata y protegiendo al personal, mientras que una comunicación clara y oportuna evita el pánico y facilita la coordinación de los recursos y la notificación a las autoridades, garantizando una gestión integral y minimizando las consecuencias adversas.

7.1. Clasificación de daños y emergencias más frecuentes en el sector químico

Los incidentes, dentro del sector químico, pueden variar desde los derrames menores, las salpicaduras o las mezclas inadecuadas hasta las emergencias mayores como explosiones, fugas tóxicas o liberaciones peligrosas al medioambiente. Cada situación requiere una respuesta proporcional, por lo que es vital contar con unos sistemas de detección temprana y alertas básicas que permitan actuar rápidamente. La correcta identificación de estos eventos protege al personal y asegura la continuidad de las operaciones, evitando las posibles consecuencias legales, económicas y reputacionales significativas.

Una adecuada clasificación de los incidentes es fundamental para diseñar planes de emergencia específicos que se adapten a los distintos niveles de riesgo. Esta clasificación, basada en la peligrosidad de las sustancias, el tipo de reacción química y la magnitud de la exposición, facilita la toma de decisiones, optimiza los recursos y prioriza acciones como la contención, la atención médica, la comunicación con las autoridades y la descontaminación, minimizando el impacto en la salud y en el medioambiente.

Entre los incidentes más habituales se encuentran:

- **Derrames de productos químicos.** Ocurren por la rotura de los envases, fallos en las válvulas o errores en el trasvase. Pueden generar vapores tóxicos, reacciones peligrosas o contaminación del suelo y el agua.
- **Exposiciones accidentales.** Se producen por el contacto directo con la piel, la inhalación de vapores o la ingestión de sustancias químicas. Pueden causar intoxicaciones agudas, quemaduras o lesiones respiratorias.
- **Explosiones o reacciones no controladas.** Surgen por las mezclas incompatibles, el sobrecalentamiento o la acumulación de gases inflamables. Ponen en riesgo la integridad del personal y las instalaciones.
- **Incendios químicos.** Provocados por los materiales inflamables, las fuentes de ignición o el almacenamiento inadecuado. Requieren el empleo de medios de extinción específicos según la naturaleza del producto.
- **Fugas de gases o vapores tóxicos.** Pueden deberse a los defectos en las conducciones, las válvulas o los equipos a presión. Suelen ser peligrosas por su rápida dispersión y la dificultad de detección.
- **Reacciones exotérmicas descontroladas.** Ocurren cuando un proceso libera más calor del previsto, provocando sobrepresión o degradación térmica de los materiales.
- **Contaminación ambiental.** Se produce por los vertidos o las liberaciones accidentales de químicos al aire, al agua o al suelo. Afecta a la biodiversidad y puede generar sanciones por incumplimiento normativo.

⮺ **Fallos en el almacenamiento o el etiquetado.** Debidos a los errores en la identificación de las sustancias, la incompatibilidad de los productos o el deterioro de los contenedores, lo que incrementa el riesgo de accidentes.

NOTA

El riesgo biológico puede persistir incluso fuera del área de trabajo si no se aplican protocolos estrictos de descontaminación y control de accesos.

7.2. Protocolos de intervención y contención ante accidentes laborales y ambientales

En el sector químico, la rapidez y la formación del personal son elementos clave para controlar los accidentes y evitar emergencias graves, ya que la detección temprana de signos anómalos y la inmediata activación de las alarmas ayudan a contener la propagación de las sustancias peligrosas, minimizando el impacto sobre los trabajadores y el entorno. El correcto uso de los equipos de protección individual, como guantes, mascarillas, gafas y trajes especiales, constituye una barrera fundamental para prevenir las intoxicaciones, las quemaduras y las lesiones.

El seguimiento posterior al incidente es determinante, ya que permite evaluar la salud de los trabajadores afectados, revisar los procedimientos de emergencia y detectar las posibles deficiencias en el sistema de seguridad. Este proceso de retroalimentación es esencial para reforzar la prevención y actualizar los protocolos de actuación, asegurando la protección integral de las personas, la seguridad medioambiental y la continuidad productiva en un sector altamente regulado.

Los protocolos de intervención deben respetar el siguiente proceso:

⮺ **Detección y notificación del incidente:**

    ◗ Identificar de inmediato cualquier señal anómala (olor, humo, cambio de color, presión o temperatura).

    ◗ Activar la alarma interna y comunicar el evento al responsable de seguridad o al coordinador de emergencias.

    ◗ Evacuar el área si existe riesgo de exposición o propagación.

Evaluación inicial y delimitación de la zona afectada:

- Determinar el tipo de sustancia implicada, su peligrosidad y el alcance del derrame o la fuga.
- Aislar el área mediante barreras físicas o señalizarla para evitar el acceso del personal no autorizado.
- Desconectar las fuentes de ignición o energía si se trata de productos inflamables o reactivos.

Aplicación de medidas de contención y control:

- Contener el vertido utilizando materiales absorbentes, neutralizantes o barreras químicas.
- Cerrar las válvulas o las líneas de conducción para detener la liberación de la sustancia.
- En caso de gases o vapores tóxicos, activar los sistemas de ventilación o extracción localizada.

Intervención del personal especializado:

- Solo el personal entrenado y equipado con los EPI adecuados debe intervenir directamente.
- Utilizar los procedimientos específicos según la naturaleza del agente (ácido, base, disolvente, gas comprimido, etc.).
- Supervisar constantemente los niveles de exposición mediante el empleo de detectores o sensores ambientales.

Evacuación y atención médica:

- Evacuar a las personas afectadas hacia las zonas seguras o de descontaminación.
- Aplicar los primeros auxilios específicos (lavado con agua, descontaminación química o asistencia respiratoria).
- Registrar los nombres de los trabajadores expuestos y su nivel de contacto con la sustancia.

Limpieza, neutralización y gestión de residuos:

- Retirar los materiales contaminados con equipos adecuados y almacenarlos en contenedores seguros.
- Neutralizar los restos del producto siguiendo las instrucciones técnicas del fabricante o las fichas de seguridad (FDS).
- Gestionar los residuos peligrosos conforme a la normativa ambiental vigente.

⊃ Restablecimiento de la actividad y verificación de la seguridad:

- Comprobar que el área ha sido completamente descontaminada y que las condiciones ambientales son seguras.
- Restablecer gradualmente las operaciones bajo supervisión del responsable de seguridad.
- Registrar el incidente y elaborar un informe técnico con las causas, las consecuencias y las medidas correctoras.

⊃ Revisión y mejora del sistema de prevención:

- Analizar los fallos detectados en el procedimiento o en la respuesta del personal.
- Actualizar los planes de emergencia y formación basándose en las experiencias de emergencias anteriores. Implementar medidas de mejora en la señalización, los equipos, el almacenamiento o el mantenimiento preventivo.

En los simulacros se deben realizar todas las acciones que se llevarían a cabo en una situación real.

 **IMPORTANTE**

Los primeros 5 minutos tras un accidente químico son conocidos como la ventana crítica: la rapidez en la actuación marca la diferencia entre una lesión leve y una irreversible.

APLICACIÓN PRÁCTICA

Durante una operación rutinaria en una planta química, se produce una fuga accidental de ácido clorhídrico en una de las líneas de transferencia. Un operario nota el olor irritante y observa vapor en la zona, por lo que da la voz de alarma.

El responsable de seguridad acude al área afectada y se enfrenta a varias decisiones que debe tomar de manera inmediata. Para actuar correctamente, debe seguir el protocolo de intervención establecido.

Ante esta situación, ¿cuál debe ser la primera acción que debe realizar el responsable de seguridad tras detectar la fuga?

Solución

La primera acción siempre debe ser notificar el incidente y activar el protocolo de emergencia.

Esto permite alertar a todo el personal, detener las operaciones y garantizar una respuesta coordinada. Solo después de la notificación y la activación formal del plan de emergencia puede evaluarse la zona afectada y aplicar medidas de contención.

7.3. Organización de la evacuación y la atención a las víctimas

En las emergencias químicas que implican la liberación de gases tóxicos, vapores inflamables o fallos en los sistemas de contención, la evacuación constituye una acción esencial para proteger al personal y reducir la exposición. Debe planificarse con rutas señalizadas, zonas seguras y protocolos según la peligrosidad del agente, ejecutándose de forma rápida y ordenada para evitar el pánico y el contacto con las sustancias peligrosas. Es indispensable el uso de los equipos de protección individual adecuados, la activación de los sistemas de ventilación o descontaminación, y el control del personal evacuado mediante los registros de exposición y síntomas. La comunicación continua con las autoridades y los equipos de emergencia garantiza la coordinación, el control de la dispersión del químico y la reducción del impacto sobre la salud y el medioambiente, integrando la evacuación en la gestión integral de emergencias químicas.

Pautas clave para la evacuación

En las emergencias químicas, las pautas de evacuación deben proteger tanto a los grupos como a los individuos. Es esencial contar con rutas señalizadas y despejadas, alejadas de las fuentes de fuga, así como con zonas seguras de reunión al aire libre y procedimientos de control del personal. La coordinación con los equipos de intervención es clave para sincronizar la evacuación con medidas que limiten la propagación de contaminantes.

Para lograr una evacuación eficaz y segura, se deben seguir las siguientes pautas clave:

- **Activar el plan de emergencia de inmediato.** Activar el plan de emergencia de inmediato al detectarse el incidente, siguiendo las instrucciones del responsable de seguridad o del coordinador de emergencias.
- **Evacuar con calma y en orden.** Evacuar con calma y en orden, evitando correr o retroceder hacia las zonas contaminadas.
- **Utilizar los equipos de protección individual (EPI).** Utilizar los equipos de protección individual (EPI) adecuados al tipo de sustancia implicada antes de iniciar la salida.
- **Seguir las rutas señalizadas.** Seguir las rutas señalizadas y no desviarse de los itinerarios previstos, salvo indicación directa del personal de intervención.
- **Cerrar puertas y válvulas.** Cerrar puertas y válvulas al abandonar la zona siempre que sea posible y sin poner en riesgo la seguridad personal.
- **No transportar objetos.** No transportar objetos personales ni equipos que puedan estar contaminados.
- **Reunirse en el punto de encuentro.** Reunirse en el punto de encuentro designado, donde se realizará el control de personal y la evaluación de su estado de salud.
- **Informar de inmediato.** Informar de inmediato a los responsables si falta algún compañero o si alguien presenta síntomas de exposición química.
- **Esperar instrucciones.** Esperar instrucciones del personal especializado antes de regresar a las instalaciones.
- **Participar en el registro.** Participar en el registro posevacuación, que permite documentar la situación, verificar la seguridad y aplicar las distintas medidas correctivas.

Atención a las víctimas

La atención a las víctimas en las emergencias químicas exige una evaluación rápida, la clasificación dependiendo de su gravedad y unos primeros auxilios especializados. Es esencial aplicar los protocolos específicos según la sustancia, contar con personal capacitado y establecer las zonas de descontaminación antes del traslado para evitar la propagación del agente. La comunicación efectiva entre los equipos y las autoridades optimiza la coordinación y el uso de los recursos, facilitando una respuesta segura y controlada que minimiza los riesgos para la salud y el medioambiente.

Entre los aspectos que se deben tener en cuenta destacan:

Evaluación inicial de los síntomas	- Identificar rápidamente los signos de intoxicación, irritación, quemaduras o dificultad respiratoria.
Clasificación de las víctimas (triaje)	- Priorizar la atención médica según la gravedad y el tipo de exposición (inhalatoria, cutánea, ocular o digestiva).
Descontaminación inmediata	- Retirar la ropa contaminada, lavar las zonas afectadas con agua abundante o mediante soluciones neutralizantes, y evitar el contacto directo con los residuos.
Asistencia médica básica en el lugar	- Aplicar los primeros auxilios como administración de oxígeno, lavado ocular o estabilización de la respiración antes del traslado.
Transporte seguro a centros sanitarios	- Utilizar vehículos preparados y personal protegido, informando previamente al centro receptor sobre la naturaleza del agente químico.
Registro y seguimiento clínico	- Documentar el tipo de exposición, la sustancia implicada, las medidas aplicadas y la evolución del estado del trabajador.
Apoyo psicológico y comunicación	- Ofrecer atención emocional a los afectados y mantener una comunicación transparente con el resto del personal y las autoridades.

7.4. Protocolos de comunicación en situaciones de emergencia

En el ámbito químico, es vital que la información se transmita de forma precisa, clara y rápida en toda la organización. Dada la velocidad de los incidentes químicos, se requieren canales de comunicación múltiples y redundantes, como megafonía, radios, mensajería interna y protocolos escritos, para evitar distorsiones o pérdidas de información en las situaciones de emergencia.

NOTA

La redundancia comunicativa es un elemento clave, que asegura que, si un canal falla, otros se activan automáticamente para mantener la continuidad en la transmisión de la información crítica para la toma de decisiones.

La comunicación debe tener una estructura jerárquica clara, donde cada persona sepa a quién informar y de quién recibir instrucciones. Esto previene las confusiones o los retrasos, y mejora la coordinación interna y con los equipos externos de emergencia. La eficacia comunicativa depende también de la formación y de los simulacros, que ayudan al personal a dominar los procedimientos y los mensajes. En las situaciones de riesgo químico, transmitir la información de manera clara es crucial para evitar crisis mayores.

IMPORTANTE

En una emergencia química, cada segundo cuenta. La formación continua, los simulacros periódicos y la coordinación interna y externa son la clave para reducir los daños y proteger tanto a las personas como al medioambiente.

Protocolo de comunicación en emergencias químicas

En las emergencias químicas, la comunicación debe ser clara, breve y verificable para evitar los malentendidos. Es esencial un protocolo que defina qué se comunica, a quién y por qué medio, facilitando la rápida recepción de órdenes e instrucciones. Confirmar la recepción de los mensajes previene los errores y los retrasos críticos.

La coordinación con los servicios externos agiliza el acceso a la información sobre las sustancias, las zonas afectadas y las acciones tomadas, lo que protege al personal, reduce los daños y mejora la respuesta ante las emergencias químicas.

Durante el protocolo de comunicación, se debe seguir el siguiente proceso:

- **Detección y notificación inicial.** Cualquier trabajador que detecte el incidente debe informar de inmediato al responsable de seguridad o al coordinador de emergencias.
  La comunicación debe incluir la ubicación exacta, el tipo de sustancia implicada (si se conoce) y la naturaleza del suceso (fuga, derrame, explosión, incendio, etc.).
- **Activación de la cadena de comunicación interna.** El responsable de seguridad comunicará la situación al comité de emergencia o a la dirección del centro.
  Se activarán los canales internos (megafonía, radios, mensajería segura o avisos automáticos) para informar al personal y ejecutar las acciones establecidas en el plan de emergencia.
- **Difusión de órdenes y medidas inmediatas.** Transmitir instrucciones claras sobre la evacuación, el confinamiento o el uso de EPI.
  Repetir los mensajes clave en intervalos breves y verificar su recepción en todas las áreas.
- **Comunicación con equipos externos.** Notificar a los servicios de emergencia e indicar el tipo de producto químico, el alcance del incidente, las medidas adoptadas y las personas afectadas.
  Facilitar el acceso a planos, fichas de datos de seguridad (FDS) y protocolos de intervención.
- **Seguimiento y actualización de la información.** Mantener la comunicación constante con el personal interno y los equipos de respuesta externos.
  Actualizar los datos conforme evolucione la situación, informando sobre la contención del riesgo, el número de víctimas o el restablecimiento de la seguridad.
- **Registro y análisis posterior.** Documentar las comunicaciones realizadas, los tiempos de respuesta y los canales utilizados.
  Evaluar la eficacia del sistema comunicativo e incorporar mejoras al plan de emergencia.

8. Resumen

El sector químico presenta un conjunto de riesgos laborales y ambientales de elevada complejidad derivados de la manipulación de sustancias peligrosas y de las condiciones de trabajo en las plantas industriales y los laboratorios. La identificación de estos riesgos constituye el primer paso para garantizar la seguridad y debe abarcar los aspectos físicos, químicos, ergonómicos, psicosociales y ambientales.

Las medidas preventivas en este sector deben priorizar las soluciones técnicas y colectivas, complementadas con una adecuada organización del trabajo y el uso de los equipos de protección individual. La formación continua y la concienciación del personal resultan esenciales para asegurar que los procedimientos se apliquen de forma correcta y eficaz.

La normativa nacional, europea e internacional establece un marco estricto de obligaciones que hacen referencia a todo el proceso de los productos químicos, desde su producción y el transporte hasta la gestión de residuos. El cumplimiento normativo no solo previene las sanciones legales, sino que actúa como garantía de seguridad para los trabajadores, la población y el entorno.

La actuación ante las emergencias en las instalaciones químicas debe estar cuidadosamente planificada, contemplando los protocolos de intervención, evacuación, comunicación y atención a las víctimas. La preparación y la ejecución de los simulacros, y la coordinación con los servicios externos son factores clave para minimizar las consecuencias de cualquier accidente.

Ejercicios de autoevaluación
Unidad de Aprendizaje 5

1. ¿Qué riesgo implica manipular los productos sin etiquetar?

    a. Exposición desconocida a sustancias peligrosas.
    b. No hay riesgo si se conoce el olor del producto químico.
    c. Riesgo eléctrico.
    d. Solo molestias olfativas.

2. ¿Qué medida ambiental previene la contaminación del suelo en plantas químicas?

    a. Limpieza manual diaria.
    b. Sistemas de contención de fugas.
    c. Sustitución de envases.
    d. Uso de ventiladores industriales.

3. ¿Cuál es la función principal de los equipos de protección individual (EPI) en el sector químico?

    a. Sustituir las medidas de control técnico y organizativo.
    b. Evitar el uso de medidas de seguridad colectivas.
    c. Permitir trabajar sin restricciones en áreas peligrosas.
    d. Actuar como la última barrera entre el trabajador y el riesgo.

4. ¿Qué condición garantiza la efectividad de los equipos de protección individual en el sector químico?

    a. Usarlos solo en tareas de corta duración.
    b. Compartirlos entre diferentes operarios.
    c. Evitar su limpieza para no dañarlos.
    d. Seleccionarlos, utilizarlos y mantenerlos correctamente según la normativa vigente.

5. ¿Qué práctica favorece la gestión sostenible de residuos peligrosos?

    a. Almacenarlos sin identificación.
    b. Mezclarlos para ahorrar espacio.

c. Segregarlos y etiquetarlos correctamente.

d. Verterlos al desagüe.

6. ¿Qué sistema reduce las emisiones atmosféricas en las plantas químicas?

a. Control manual.

b. Filtros o torres de lavado.

c. Uso de ventiladores.

d. Ventanas abiertas.

7. ¿Qué medida se considera más eficaz según la jerarquía preventiva?

a. Formación del trabajador.

b. Protección colectiva.

c. Protección individual.

d. Señalización informativa.

8. ¿Qué tipo de medida prioriza la eliminación del riesgo en origen?

a. Correctiva.

b. Individual.

c. Organizativa.

d. Técnica.

9. ¿Qué riesgo ambiental es típico del sector químico?

a. Emisión de gases y vertidos.

b. Fatiga mental.

c. Golpes por caída de objetos.

d. Ruido de maquinaria.

10. ¿Qué documento recoge las medidas de gestión ambiental en una planta química?

a. Ficha de seguridad.

b. Manual de mantenimiento.

c. Plan de emergencia.

d. Plan de gestión de residuos.

Glosario

Accidente de trabajo
Lesión corporal que sufre el trabajador con ocasión o consecuencia del trabajo; puede ir desde cortes y caídas hasta fracturas graves.

Agentes biológicos
Microorganismos vivos (virus, bacterias, hongos, parásitos) y derivados que pueden provocar infecciones, alergias o toxicidad.

Agentes ergonómicos
Condiciones derivadas de las posturas forzadas, los movimientos repetitivos o la manipulación de cargas que causan fatiga o lesiones musculoesqueléticas.

Agentes físicos
Factores ambientales como el ruido, las vibraciones, las radiaciones o las temperaturas extremas que pueden afectar a la salud del trabajador.

Agentes químicos
Sustancias como los disolventes, los desinfectantes o los gases que, por inhalación, contacto o ingestión, pueden producir intoxicaciones o quemaduras.

Almacenamiento segregado
Disposición separada de productos incompatibles (ácidos, bases, oxidantes, inflamables) para prevenir reacciones peligrosas.

Atmósferas explosivas (ATEX)
Entornos donde la mezcla de vapores inflamables y el aire pueden provocar explosiones si existe una fuente de ignición.

Atrapamiento
Accidente producido cuando una parte del cuerpo queda aprisionada entre objetos, maquinaria o estructuras.

Bioseguridad
Conjunto de medidas preventivas aplicadas en los laboratorios para evitar la exposición a los agentes biológicos; puede ser complementaria en los procesos biotecnológicos industriales.

Cabina de seguridad química
Equipo de protección colectiva que evita la exposición directa del trabajador a los vapores, los gases o las partículas generadas por las sustancias químicas.

Carga de trabajo
Cantidad de esfuerzo físico o mental exigido al trabajador y que, en exceso, puede provocar fatiga o errores.

Condiciones ambientales
Factores del entorno (ventilación, temperatura, ruido, iluminación) que afectan a la seguridad y la calidad de los procesos químicos.

Condiciones de seguridad
Características materiales del lugar de trabajo que pueden dar origen a los accidentes (pisos resbaladizos, pasillos obstruidos, instalaciones defectuosas).

Contención secundaria
Sistemas como cubetos o bandejas que recogen derrames o fugas accidentales de sustancias peligrosas.

Coordinación de actividades empresariales (CAE)
Obligación legal que garantiza la comunicación y la cooperación entre las contratas y las subcontratas que intervienen en una obra para evitar los accidentes por interferencias.

Daños derivados del trabajo
incluyen los accidentes laborales, las enfermedades profesionales y otras patologías relacionadas con el empleo.

Desfibrilador externo automático (DEA)
Dispositivo usado en las emergencias que aplica descargas eléctricas para restablecer el ritmo cardíaco.

Enfermedad profesional
Patología contraída como consecuencia de la exposición repetida a los factores de riesgo inherentes a una profesión.

Equipo de protección individual (EPI)
elementos de uso personal (casco, guantes, gafas, mascarilla) que protegen de los riesgos al trabajador de forma individual.

Equipos a presión
calderas, reactores o depósitos sometidos a presiones elevadas; su fallo puede provocar explosiones o fugas graves.

Equipos de trabajo
máquinas, herramientas o dispositivos utilizados durante la ejecución de una obra, que deben cumplir el R. D. 1215/1997.

Ergonomía
disciplina que adapta el puesto y las herramientas al trabajador para reducir las posibles lesiones y mejorar la eficiencia.

Evaluación de los riesgos
proceso sistemático para identificar, valorar y controlar los riesgos presentes en un puesto de trabajo.

Explosión
liberación súbita de energía debida a una reacción química no controlada o a un fallo mecánico en un sistema presurizado.

Exposición ocupacional
contacto directo o indirecto con sustancias o condiciones potencialmente nocivas durante la jornada laboral.

Factores de riesgo
circunstancias que aumentan la probabilidad de sufrir un accidente o una enfermedad (ruido, sustancias químicas, estrés, iluminación deficiente).

Fatiga laboral
cansancio físico o mental debido a las cargas excesivas o condiciones de trabajo inadecuadas.

Formación preventiva
Instrucción obligatoria que capacita a los trabajadores para identificar los riesgos y aplicar las medidas de seguridad.

Fuga o derrame
Escape accidental de gases o líquidos que puede generar intoxicaciones, incendios o contaminación ambiental.

Gestión de residuos peligrosos
Conjunto de acciones para identificar, segregar, etiquetar y eliminar los residuos químicos de forma segura y conforme a la normativa.

Iluminación deficiente
Falta de luz suficiente que dificulta la visibilidad en la obra y aumenta el riesgo de caídas y errores.

Incendio químico
Combustión no controlada provocada por las sustancias inflamables o reactivas; requiere medios de extinción específicos.

Inhalación de vapores tóxicos
Vía de exposición más frecuente en el sector químico; puede causar irritación, intoxicación o daño respiratorio.

Instituto Nacional de Seguridad y Salud en el Trabajo
Organismo técnico español que desarrolla distintas guías y normas de prevención sobre los riesgos existentes en los trabajos de diferentes sectores.

Manipulación de sustancias peligrosas
Conjunto de operaciones con productos corrosivos, tóxicos, inflamables o irritantes que exigen procedimientos específicos.

Manipulación manual de cargas
Transporte o levantamiento de objetos pesados que puede causar lesiones lumbares o musculares si no se hace correctamente.

Mantenimiento preventivo
Revisión periódica de la maquinaria, las herramientas y las instalaciones para evitar fallos y accidentes.

Medidas colectivas de protección
Dispositivos o sistemas que protegen a varios trabajadores al mismo tiempo, como redes, barandillas o entibaciones.

Medidas organizativas
Acciones de planificación, coordinación y supervisión para reducir los riesgos en la obra.

PAS (proteger, avisar, socorrer)
Protocolo básico de actuación en primeros auxilios ante los accidentes.

Patología laboral
Enfermedad derivada del trabajo; incluye las reconocidas como profesionales como otras.

Plan de emergencia
Documento que define los procedimientos de actuación ante fugas, incendios o explosiones.

Planificación preventiva
Integración de la seguridad desde la fase de diseño del proyecto, definiendo los procedimientos seguros para cada etapa.

Posturas forzadas
Posiciones mantenidas o incómodas al manipular válvulas, bombas o equipos de difícil acceso.

Prevención de riesgos laborales
Disciplina que busca evitar o reducir los riesgos derivados del trabajo.

Protección cutánea
Barrera física frente al contacto con sustancias químicas mediante guantes, trajes o delantales impermeables.

Protección individual
Elementos de uso personal destinados a proteger al trabajador frente a un riesgo concreto.

Protección ocular y facial
Empleo de gafas, visores o pantallas para prevenir lesiones por las salpicaduras de los productos corrosivos.

Protección respiratoria
Uso de mascarillas o respiradores con filtros químicos para evitar la inhalación de gases o vapores peligrosos.

Red de seguridad
Elemento de protección colectiva para evitar las caídas de personas o materiales desde altura.

Rendimiento laboral
Nivel de productividad del trabajador que puede verse afectado por la fatiga o el estrés.

Riesgo ergonómico
Posibilidad de lesión derivada de las posturas forzadas, los movimientos repetitivos o la manipulación de cargas.

Riesgo laboral
Probabilidad de que un trabajador sufra un daño derivado del trabajo.

Riesgo químico
Posibilidad de sufrir un daño por la exposición a los productos corrosivos, tóxicos, inflamables u oxidantes.

Riesgos ergonómicos
Lesiones y molestias causadas por los movimientos repetitivos, las malas posturas o los esfuerzos excesivos.

Riesgos físicos
Peligros derivados de la exposición a las radiaciones, al ruido, a las vibraciones o a las temperaturas extremas.

Riesgos psicosociales
Factores derivados de la organización del trabajo (estrés, aislamiento, carga mental, conflictos laborales).

Salud
Estado de bienestar físico, mental y social, no solo ausencia de enfermedad.

Señalización de seguridad
Conjunto de señales visuales o sonoras que informan sobre las prohibiciones, las obligaciones, las advertencias o las salidas de emergencia.

Shock
Estado crítico provocado por la falta de riego sanguíneo suficiente a los órganos vitales; requiere atención médica inmediata.

Simulacro de emergencia
Ejercicio planificado para comprobar la eficacia de los procedimientos de evacuación o rescate en obra.

Sistemas de extracción localizada
Mecanismos de ventilación que eliminan los vapores o los gases en el punto de emisión.

Sistemas de inertización
Uso de gases inertes (como nitrógeno) para evitar las explosiones o las reacciones indeseadas en los reactores.

Estrés térmico
Sobrecarga del organismo causada por el calor o el frío extremos en el entorno laboral.

Sustitución de sustancias peligrosas
Principio preventivo que busca reemplazar los compuestos tóxicos por otros menos dañinos.

Técnico de laboratorio químico
Profesional encargado de realizar los análisis, los ensayos y los controles de calidad con productos químicos.

Técnico de seguridad industrial
Responsable de la implantación y la supervisión de las medidas de prevención en las plantas químicas.

Trabajo
Actividad física o intelectual realizada por una persona para producir bienes o servicios a cambio de una compensación económica o no.

Ventilación general
Renovación del aire en los espacios de trabajo para reducir la concentración de contaminantes.

Vibraciones
Movimiento oscilante transmitido por las herramientas o la maquinaria que puede causar trastornos osteomusculares o circulatorios.

Zonas ATEX
Áreas clasificadas por su riesgo de explosión debido a la presencia de mezclas inflamables de gases o polvos.

Bibliografía

Monografías

→ ALEMÁN Pardo, F., ALEMÁN Guillén, F. y ALEMÁN Guillén, P.: *Diccionario de prevención de riesgos laborales.* Madrid: Editorial Wolters Kluwer España, S. A., 2020.

> Obra práctica destinada a la consulta por las personas que trabajan en el ámbito de la prevención de los riesgos laborales en la que se recogen distintos criterios jurisprudenciales de distintas situaciones planteadas ante los tribunales que permiten analizar las consecuencias jurídicas previstas en la normativa de prevención de riesgos laborales ante los casos de incumplimiento.

→ CORTÉS Díaz, J. M.: *Técnicas de prevención de riesgos laborales. Seguridad e higiene del trabajo.* Madrid: Editorial Tébar Flores, 2018.

> Libro en el que se tratan los aspectos fundamentales de la prevención de riesgos como son la salud, la seguridad, la investigación de los accidentes, los equipos de protección, etc.

→ GARCÍA Segura, V.: *Básico de prevención de riesgos laborales para trabajo en altura.* Antequera: IC Editorial, 2023.

> Libro en el que, además de establecer el marco normativo y conceptual, se establecen los aspectos que se deben analizar para llevar a cabo un análisis de riesgo y establecer las medidas preventivas cuando se desarrollen trabajos en altura.

→ MATEO Floria, P., GONZÁLEZ Ruiz, A. y GONZÁLEZ Maestre, D.: *Manual para el técnico en prevención de riesgos laborales.* Madrid: Editorial Fundación Confemetal, 2010.

> Manual recomendable para las personas que se inician en la prevención de riesgos laborales y en el que se reproducen distintas situaciones que se pueden encontrar con las medidas más adecuadas que se deben implantar.

→ PÉREZ Huguet, R.: *Prevención de riesgos laborales en la construcción.* Antequera: IC Editorial, 2025.

> Libro que establece el marco normativo básico que se debe tener en cuenta en el sector de la construcción, haciendo hincapié en los sistemas de prevención, especificando las funciones que lleva a cabo el control de los riesgos laborales y el control de salud de los trabajadores.

→ RUBIO Ruiz, A.: *Manual de derechos, obligaciones y responsabilidades en la prevención de riesgos laborales.* Madrid: Editorial Fundación Confemetal, 2002.

> Manual, destinado a las personas que intervienen en la prevención de los riesgos laborales, en el que se recoge de forma clara y precisa el alcance de los derechos, las obligaciones y las responsabilidades con respecto a la prevención de riesgos laborales que tienen las empresas y las personas trabajadoras.

Publicaciones y páginas web *online* con recursos:

→ Asociación Española de Normalización (UNE), de: <https://www.une.org>.

> Normas UNE-ISO aplicables a la seguridad en los laboratorios que manejan agentes biológicos, incluyendo la UNE-ISO 15190:2022 para prácticas seguras en laboratorios clínicos.

→ Guía técnica del Instituto Nacional de Seguridad y Salud en el Trabajo sobre el riesgo eléctrico, de: <https://www.insst.es/documents/94886/789467/Guía+técnica+para+la+evaluación+y+prevención+de+los+riesgos+relacionados+con+la+protección+frente+al+riesgo+eléctrico.pdf>.

> Documento oficial para la aplicación del Real Decreto sobre la Protección frente al Riesgo Eléctrico.

→ Guías técnicas del Instituto Nacional de Seguridad y Salud en el Trabajo sobre el riesgo eléctrico, de: <https://www.insst.es/materias/riesgos/seguridad-en-el-trabajo/riesgo-electrico>.

> Recurso del Instituto Nacional de Seguridad y Salud en el Trabajo con guías, normativa y criterios de seguridad para los trabajos eléctricos.

→ Guías técnicas específicas del Instituto Nacional de Seguridad y Salud en el Trabajo, de: <https://www.insst.es/documentacion/colecciones-tecnicas/ntp-notas-tecnicas-de-prevencion/21-serie-ntp-numeros-716-a-750-ano-2006/ntp-739-inspecciones-de-bioseguridad-en-los-laboratorios>.

> Guía técnica del Instituto Nacional de Seguridad y Salud en el Trabajo que extrae listas de comprobación para aspectos de bioseguridad en laboratorios, adaptadas del manual de la Organización Mundial de la Salud.

→ Guías técnicas específicas del Instituto Nacional de Seguridad y Salud en el Trabajo, de: <https://www.insst.es/específicas>.

> Página web en la que se puede acceder a las distintas guías técnicas específicas publicadas por el INSST para facilitar la aplicación de los reales decretos que desarrollan la Ley de Prevención de Riesgos Laborales.

→ Guías técnicas transversales del Instituto Nacional de Seguridad y Salud en el Trabajo, de: <https://www.insst.es/guias-tecnicas-transversales>.

> Página web en la que se puede acceder a las distintas guías técnicas transversales publicadas por el INSST para facilitar la aplicación de los reales decretos que desarrollan la Ley de Prevención de Riesgos Laborales.

→ Manual básico de seguridad y salud en el trabajo, de: <https://invassat.gva.es/es/manual-basico-sst>.

> Ejemplo de manual de prevención de riesgos laborales desarrollado por la Universidad de Sevilla.

→ Manual de Bioseguridad del Laboratorio de Análisis (INGESA), de: <https://ingesa.sanidad.gob.es/dam/jcr%3A421beb4a-60c1-456c-9271-36103b9f4905/Manual_Bioseguridad%20%283%29.pdf>.

> Manual interno, basado en directrices nacionales y de la OMS, aplicable a laboratorios de análisis clínico para prevenir riesgos biológicos.

→ Manual de procedimientos de prevención de riesgos laborales. Guía de elaboración, de: <https://www.cnae.com/ficheros/files/prl/Manual_procedimientos.pdf>.

> Publicación en la que se recoge un listado de procedimientos preventivos acompañados de criterios y pautas de actuación para facilitar su implantación en la empresa.

→ Manual de seguridad, de <https://www.isastur.com/external/seguridad/data/es/1/1_1.htm>.

> Página web en la que se puede acceder al manual de seguridad vigente para los trabajadores de la empresa ISASTUR.

→ Normativa nacional de riesgos: riesgos biológicos (INSST), de: <https://www.insst.es/normativa/riesgos-biologicos>.

> Repositorio oficial de normativa española sobre riesgos biológicos, incluyendo el Real Decreto 664/1997 de Exposición a los Agentes Biológicos.

→ Prevención de riesgos en laboratorios biológicos, de: <https://www. saludlaboralymedioambiente.ccooaragon.com/documentacion/prl-lab-biologicos-ccoo2020_wb.pdf>.

> Guía para delegados de prevención con explicaciones de evaluación de riesgos, niveles de contención, medidas preventivas y vigilancia de la salud en los laboratorios con agentes biológicos.

→ Seguridad biológica — CSIC (Centro Nacional de Biotecnología, CNB-CSIC), de: <https://www.cnb.csic.es/wp-content/uploads/2025/01/4-Seguridad-Biologica.pdf>.

> Documento divulgativo del CSIC que describe la infraestructura, las prácticas y las normas de contención en los laboratorios con riesgos biológicos.

Legislación

→ Ley 23/2015, de 21 de julio, Ordenadora del Sistema de Inspección de Trabajo y Seguridad Social.

→ Ley 33/2011, de 4 de octubre, General de Salud Pública.

→ Ley 31/1995, de 8 de noviembre, de Prevención de Riesgos Laborales.

→ Ley 54/2003, de 12 de diciembre, de reforma del marco normativo de la prevención de riesgos laborales.

→ Real Decreto 337/2010 de 19 de marzo, por el que se modifican el R. D. 39/1997, de 17 de enero, por el que se aprueba el Reglamento de los Servicios de Prevención, el R. D. 1109/2007, de 24 de agosto, por el que se desarrolla la Ley 32/2006, de 18 de octubre, reguladora de la subcontratación en el sector de la Construcción y el R. D. 1627/1997, de 24 de octubre, por el que se establecen disposiciones mínimas de seguridad y salud en obras de construcción.

→ Real Decreto 286/2006, de 10 de marzo, sobre la protección de la salud y la seguridad de los trabajadores contra los riesgos relacionados con la exposición al ruido.

→ Real Decreto 604/2006, de 19 de mayo, por el que se modifican el Real Decreto 39/1997, de 17 de enero, por el que se aprueba el Reglamento de los Servicios de Prevención, y el Real Decreto 1627/1997, de 24 de octubre, por el que se establecen las disposiciones mínimas de seguridad y salud en las obras de construcción.

→ Real Decreto 1299/2006, de 10 de noviembre, por el que se aprueba el cuadro de enfermedades profesionales en el sistema de la Seguridad Social y se establecen criterios para su notificación y registro.

→ Real Decreto 1311/2005, de 4 de noviembre, sobre la protección de la salud y la seguridad de los trabajadores frente a los riesgos derivados o que puedan derivarse de la exposición a vibraciones mecánicas.

→ Real Decreto 374/2001, de 6 de abril, sobre la protección de la salud y seguridad de los trabajadores contra los riesgos relacionados con los agentes químicos durante el trabajo.

→ Real Decreto 1254/1999, de 16 de julio, por el que se aprueban medidas de control de los riesgos inherentes a los accidentes graves en los que intervengan sustancias peligrosas (Directiva Seveso III).

→ Real Decreto 39/1997, de 17 de enero, por el que se aprueba el Reglamento de los Servicios de Prevención.

→ Real Decreto 485/1997, de 14 de abril, sobre disposiciones mínimas en materia de señalización de seguridad y salud en el trabajo.

→ Real Decreto 486/1997, de 14 de abril, por el que se establecen las disposiciones mínimas de seguridad y salud en los lugares de trabajo.

→ Real Decreto 487/1997, de 14 de abril, sobre disposiciones mínimas de seguridad y salud relativas a la manipulación manual de cargas que entrañe riesgos, en particular dorsolumbares, para los trabajadores.

→ Real Decreto 665/1997, de 12 de mayo, sobre la protección de los trabajadores contra los riesgos relacionados con la exposición a agentes cancerígenos, mutágenos o reprotóxicos durante el trabajo.

→ Real Decreto 773/1997, de 30 de mayo, sobre disposiciones mínimas de seguridad y salud relativas a la utilización por los trabajadores de equipos de protección individual.

→ Reglamento (CE) n.º 1272/2008 (CLP), relativo a la clasificación, el etiquetado y el envasado de sustancias y mezclas.

→ Reglamento (CE) n.º 1907/2006 (REACH), relativo al registro, la evaluación, la autorización y la restricción de sustancias químicas.

→ Norma UNE-EN 689:2019, Exposición en el lugar de trabajo. Medición de agentes químicos en el aire. Estrategia para verificar el cumplimiento de los valores límite ambientales.

→ Orden de 16 de diciembre de 1987 por la que se establecen nuevos modelos para la notificación de accidentes de trabajo y se dan instrucciones para su cumplimentación y tramitación.